職場專門店

決勝焦點8S
打造INTERVIEW的競爭力

陳志哲————著

書泉出版社 印行

推薦序

一　看到這本書，腦海中交織閃現當年 INTERVIEW 時的畫面，那種緊張與忐忑不安，現在回想起來，心跳還是落了半拍；尤其坐上那把「電椅」（面試者專屬的座椅），如果沒有充分的準備，包準被電得腦中一片空白、舌頭打結，最後殘留無盡的懊悔及「早知道……」。

　　有人把 INTERVIEW 與自我介紹劃上等號，或許過分輕忽了 INTERVIEW 過程中的高度、廣度、深度與溫度，單純以為只要問什麼、就答什麼，何需特別準備！問題在於：

　　你確定每一個問題都答得出來嗎？

　　你確定你的回答有系統、有層次、生動而具備說服力？

　　你確定不會緊張得臉部僵硬，忘了怎麼微笑以對？

　　你確定你的答案是口試委員喜歡聽的？

　　你確定你就是那顆最閃亮的星星？

　　如果你無法肯定的答覆以上問題，那麼你的確需要找到指引明燈。本書輕鬆易讀又容易入手，從強化心理素質切入，透過有效的策略引導，提示如何充分的準備 INTERVIEW；不僅能幫助你在面談的時候充滿自信，掌握致勝關鍵，勇敢秀出自己，留下美好深刻的印象，進而掄元奪魁。

　　凡事豫則立，找對師傅很重要。《決勝焦點 8S──打造 INTERVIEW 的競爭力》是巧師傅，可以讓你勝出。

中華民國中小學校長協會榮譽理事長

張榮輝

推薦序

實習教師對於面臨教師甄試時的面試一關,經常感到惶恐不安,卻又沒有好的書籍可以引導。看到這些莘莘學子,在考場上浮浮沉沉,內心相當的心疼與不捨。曾經發想,若有一本好的介紹面試實用書籍,就可以彌補這個需求。本人之前指導的優秀博士——志哲校長的新書《決勝焦點 8S——打造 INTERVIEW 的競爭力》這本書的誕生,正好彌補了這個缺憾。

本書提供了教師甄試應準備的具體方向,並獨創了 8S 的策略,將繁瑣的面試過程,明確的點出如何表現才是高分的關鍵。從事前簡介的設計,到自我介紹的鋪陳,以及進場後應有的態度及策略,鉅細靡遺的進行分析及檢視。

實驗研究最強調的是「實證精神」,從本書對考生進行「實驗設計」與「實驗介入」,並進行過程的診斷與修正,最後,考生金榜題名的「成效」也確實達到「顯著」的效果,這本書的確也造福了許多的實習教師與新進教師。教育類實驗研究最怕不思「策略」,誤用「方法」,欠缺「架構」,濫用慣性思維,失敗成為必然結果。本書在教育界的職場面試,宛如一盞邁向成功的明燈。

8S 所羅列的各個面向,與職場的「基本學力」均有共通之處,所以表面上是一本準備面試的參考書籍,實際上所提的內容,卻可以放大到人際溝通應具備有的能力。深學以達廣才,立志以成學。希望有志的考生,都能學以致用,在茫茫人海中脫穎而出、獨占鰲頭。欣逢書成,爰綴數語,樂為之序。

國立臺灣師範大學教育學院副院長、優聘教授

郭 鐘 隆

自序
不要讓自己的面試「每年再來一次」了！

在長期輔導各項教育甄試的現場，常見考生進了複試（面試）後才開始練習口試及準備資料，這時只剩少許的時間，情況也會十萬火急，練習口試時，也因準備不足而「兵荒馬亂」，上場就容易「馬失前蹄」而「信心崩壞」，表現自然不如預期，如果等到下次面臨相同的機會，更是「裹足不前」。

有些考生天生麗質、能言善道，再加上「顏質」好，或是有「豐功偉業」，的確占了些許的優勢，但是如果我們天生「古意」，做人腳踏實地、不卑不亢，只是拙於表達，如何挽救我們的頹勢？化「危機」為「轉機」，化「轉機」為「契機」，化「契機」為「奇蹟」，為自己創造「生機」，那就要運用策略及方法。充分運用 8S 策略，提早準備及練習，相信可以讓自己脫胎換骨，不要讓自己的面試「每年再來一次」了！

本書所提的「決勝焦點 8S」，包含進了考場後要保持笑容（Smile confidently），說話時要能流暢不吃螺絲（Smoothly expressious），回答提問時要直接打中實質核心（Substantial response），說話的架構要有策略（Strategic excution），加上有深度的理論支持（Supporting argument），融入令人印象深刻的亮點（Shining-point integration），最好能以故事的方式說自己的理念（Story marketing），以及搭配豐富的肢體語言（Signal transmission）。如果以上所列的重點能靈活運用，應該就能更具信心準備面試。

「成功的人找方法，失敗的人找理由；登峰的人常反思，落難的人常抱怨。」

檢視以往失敗的「原因」，用對的「方法」，省下抱怨的時間，「反思」如何布局，才是面對口試的「王道」。本書將提供相關的案例以及建議，希望考生把每一次面試，當成最後一次，破釜沉舟，必能金榜題名！

陳志哲

目次

第六章
美麗相片會說話 **041**

參　自我介紹篇 —— 如何勇敢秀出自信？

第七章
關鍵的 8 秒鐘 —— 如何一開口就讓人印象深刻 **051**

第八章
自我介紹應該如何鋪陳？ **057**

肆　決勝篇 ── 如何運用 8S ？

第十五章
支持的論點 —— Supporting argument　**103**

第十六章
亮點的整合
—— Shining-point integration　**113**

第二十章
無縫接軌的接話方式 **147**

第二十一章
問題的來源與類型 **159**

第二十二章
幾種可能獲得高分的徵兆 **173**

壹　準備篇——
如何贏在起跑點？

第一章

武裝自己
——我已經做好準備

「這是一場『戰爭』，不能想有下一次的『戰爭』」，面試的準備，千萬不能有鬆懈的心態。一般人往往認為面試只要準備履歷表或是簡歷表，至於口試當天當場即興發揮就可以了，殊不知，有多少這種想法的考生，卻是不斷漂浮在茫茫的「考海」之中，所以，「天道酬勤」，機會是留給有準備的人。

從面試的過程中，可以發覺個人特質、個性與企圖心，當你做好準備，自信心也就隨之而來；如果沒有準備，對應於慌亂之間，等到面試結束，才發現該說的都沒說，該表達的全都漏掉了，再悔恨也來不及了。

面試是進入職場或是理想學校的重要門檻，競爭者都是各路的英雄（雌）好漢，而面試委員正是這場光榮戰役的守護神，所以一定要為打一場光榮「戰役」而充分準備，千萬不要浪費時間與生命。

當你要為自己的光榮與榮耀而戰時，一定會「厲兵秣馬」做好準備。沒有練兵，沒有做好準備，然後去打一場沒有把握的戰爭，還會有勝戰的機會嗎？這答案當然是否定的。

在職場中，太多這種當「砲灰」的有志之士，在沒有準備的情況下就上戰場了，結果當然是可想而知，所以千萬不要只是報名來求取心安，這樣只是會浪費時間而已。面試應該是以打一場「勝戰」及「聖戰」的心態來準備，最好要有破釜沉舟的心態面對，意即不希望再面對下一場「戰爭」的來臨。

有一次在考場裡，一位考生離開現場後，旁邊兩位志工竊竊私語：「這個人一定是不適任，一定有問題。」我問他們如何看得出來？到底用什麼觀點來論定？其中一人說道：「那個考生，一進來就手忙腳亂。一開始要使用電腦，所以一進門到處找插頭，然後，搬了一堆道具來，卻又亂七八糟，一看就知道這個人的自我管理是出了問題，這樣的人當上老師，教室一定亂糟糟的……。」我很訝異，也很欽佩他們的觀察，的確那位考生，從進場後就整個不對勁，一下子說要找電腦檔案，一下子自言自語說教具在哪裡？教學演示也就跟著一團亂了，最後連面試都不知所云。所以，在進場前，應該將東西擺設、電源的連接（最好不要在當場接電源，以免手忙腳亂）、教學的步驟，應該都是練了又練，模擬再模擬，以減少不確定的因素發生，假使沒有準備好，進了考場一陣慌亂，甚至連在旁的志工都看得出來，那就麻煩了。

另外，每次在面試結束後，考生都有以下的疑問：「為什麼問那麼難的題目？」、「為什麼不問我自傳裡的專長？」、「為什麼面試委員這樣刁難我？」、「為什麼我準備了半天，他都問我沒準備的題目？」，以上共同的失敗原因，就是沒有準備好。換言之，當你基本功夫做得好，你可以掌握的關鍵越多，失敗的機率就越低了，也就是如果有充分的準備，讓自己「從容應戰」、「武裝自己」，才能攻無不破。

我常提醒考生，「**我沒有天生麗質，只好天天立志。**」、「人一能之，己百之。」這世上沒有幾個人，面對挑戰，能在不準備的情況下，應付自如，特別是面試這件事，除非「天生麗質、天賦異稟」。只有多一分準備，才能多一分勝出的機會。

要如何成為面試場上的贏家？首先，要成為「專家」，然後才能變成「贏家」。那又是如何定義呢？所謂的「專家」就是簡單事重複演練；所謂的贏家，則是要重複的事用心思考。

準備面試的歷程裡，細節是很重要的，而**魔鬼就在細節裡**（The devil is in the details.）一個開場，一個笑話，一個故事，一個你吸引人的特質，都可以經過精心設計而加分，也就是要經過「精打細算」的設計，就像榨橄欖油分五級（Extra Virgin Olive Oil、Virgin Olive Oil、100% Pure Olive Oil、Light Extra Light Olive Oil、Olive Pomace Oil），從第一級 Extra Virgin Olive Oil 的初榨，一直到最後一滴 Olive Pomace Oil，都不能浪費，換言之，在你的自我介紹，或是回答問題時，一定要縝密設計，連一秒鐘都不能浪費。

而如何進行「有效、縝密」的面試準備呢？以下有幾個重要的關鍵，提供參考。在準備面試的過程中，無論是資料或是提問的準備，「精密設計」、「重點布局」、「學歷呈現」、「績效展現」、「重複演練」與「滾動修正」，是可以讓你異軍突起的關鍵點（Key point）。

第一節　精密設計——成功的演出是精算出來的

　　「精密設計」是要在最有限的時間內，「精準」的鋪陳好自己的逐字稿；也就是要講幾分鐘，說怎樣的內容，都要預先設計過，而事先「收集情報」、「準備題目」，則是最重要的工作。你可以問一下之前的學長、姐，大概有多少的時間可以自我介紹？問哪些題目？用多少字行銷自己的「豐功偉業」，都要精算過，不是到現場才即席發揮，要謹記：「若有人不經準備而上榜，那一定不是我」要務實一點，認真一點，比較實在。而且經過「千錘百鍊」過的準備，一定不怕考驗。

第二節　重點布局——可以事先準備的，要全力以赴

　　重點布局，就是要能夠鋪陳有亮點的內容，舉凡履歷表、個人補充資料、自我介紹、答題方式、回答的策略等等，這不是當天或考前才匆匆準備。有一個很重要的觀點可以提供參考：「**可以事前準備到 100 分的，要用 101 分的努力來準備。**」履歷表、個人補充資料、自我介紹、答題方式、回答的策略等，應該可以提早因應準備的，就要竭盡心力做萬全的準備，這樣會成就自己「雖千萬人，吾亦矣」的信心。如果在面試時，明明可以掌握的卻又未能掌握住（簡單自我介紹），不能掌握的（當天的提問、考場的氣氛、委員的屬性等等）又出了狀況，那會讓你陷入混亂的泥淖當中。

第三節　學歷呈現──差異化的學歷，也可以為自己加分

　　這個部分是檢視你個人擁有的學歷與所要考取的職業、工作有何高度的關聯性？例如，要考的是中小學教師，各師範院校、各大專院校教育系所，會較為吃香，但如果你念的是表演藝術系、經濟系，甚至食品營養等，不是直接相關的系所，就會感覺距離「比較遠」些，但也不用擔心，有時反而成為你吃香的地方，端看你如何扭轉劣勢為優勢。例如，從表演藝術的角度來說，各行各業都需要精準的身體語言。人的身體會說話，不只有靠嘴巴，而是結合身體的每一部分，各行各業的行銷，都需要具備有這樣能力的人；而經濟系牽涉到的是經濟與生活的重要，沒有一個行業可以離開「賺錢」與「花錢」的範疇。這得好好思考，如何將原本看似不相關的科系，拉近與所要面試的標的距離，甚至成為具個人特質的亮點。

第四節　績效展現──機會是留給準備好的人

　　績效是你容易加分的部分，看如何能顯現個人的與眾不同？特別是與你所要面試的職業、考試有關，如果沒有？至少與工作或是系所需要的專業證照也可以算是，如果還是沒有？想一想，曾經做過哪些社會服務工作、或經歷，也可以為自己加分，如果還是沒有？也許說說打工過的經驗，呈現個人特色，或是參加過什麼活動。除非你是宅男（女）否則一定有故事可以發揮。所以盡量在考試前就先做好資料收集，因為大部分的機會只留給準備好的人。

第五節　重複演練——精彩的表現是累積，不會是奇蹟

　　演練的目的是讓自己在表達時「不跳針」，也就是要能順暢地表達自己的思想，調整成最適合的狀態，接著分配好準備時間及分析關鍵重點，並運用「以果為因」的原則，也就是面試當天你認為什麼是最重要的，進行全面檢視，當成準備目標，而其最重要原則為：**「可以事先掌握的部分，優先練習。」**

　　可以事先掌握且練習的題目，分為兩個部分，書面資料與自我介紹。

　　書面資料的「重複演練」是要透過多方檢視，來回修正，讓自己的資料精準且讓人印象深刻，才能為自己加分。首先，從大綱開始進行架構整理，資料的整理一定要從目錄開始設定規劃，再到內容的建構。有人會把資料塞好，再去表列目錄，這樣容易造成「偏重」的問題，特別是：「你覺得重要的資料 VS 委員想要了解的資訊，哪一個重要？」資料的完整在於能夠均衡呈現所有面向，大部分委員的評分會先從可檢視的項度去評分的，目錄、大綱不夠完整、不具特色，就不易勝出。

　　自我介紹的「重複演練」是要能精準且充分的表達自己，時間約在 1-3 分鐘內，將自己的「差異化特色」介紹給委員。積極一點的說法是如何行銷自己？有些考生容易忽略自我介紹，認為自我介紹不是寫在履歷表當中了嗎？只要臨機應變就好了，甚至沒有時間準備。另外一種情況是，準備了過多的自我介紹文字稿，卻沒有在規定的時間內說好、說滿，白白浪費掉可以掌握而未能掌握的優勢，那真的可惜了。

　　但是，要特別避免一些坊間補習班制式化模組的表現。在考場中，如果發現從進門後的動作到答題的方式，一看就知道是同一家補習班出來的，那會令人嫌惡。透過制式的訓練，固然有一定的水準，也有其必要，對於認真的你也無可厚非，但要脫穎而出，必須要走出自己的風格。雖然，你用的也許是「公版的套路」，但一定要在既有的基礎上突破自己，也就是在原來的框架上力求「創新」，成為獨特的「自己」。

High light!

- 自我介紹怎樣才能避免像背書般的感覺：
1. 避免太多的「書面語」，多用「口語」的詞彙。
2. 要多用對話的語彙，例如，我同事（學）說，我是……。
3. 拗口的、難背的語句，要修成順暢的口語。

第六節　滾動修正──修正的價值在於不斷的淬取精華

　　修正的價值在於透過不斷的省思，淬鍊自己的精華。這是一般人所容易疏漏的小細節，在面試的歷程中，有可能無法一次攻頂而金榜題名，所以要反思自己每次失敗的原因。面對高手如雲的競爭，我們要不斷的提醒自己，還有哪些地方可以更精進？哪些地方可以更精彩？哪些地方可以為自己再加分？

　　有個已故的臺灣企業家，留傳在街坊的二個小故事，發人深省。

　　每天清晨，這位企業家到早餐店，會先點一碗熱豆漿，當喝完一半，再加冰塊，他說，這樣豆漿的量就會爭取到「極大值」，可以喝到最多的豆漿。另一個故事則是有關於「喝咖啡」的故事，據說他每次喝咖啡時，會拿奶精球，撕開鋁箔紙，將奶精倒入咖啡中，接著再倒一點咖啡回沖到奶精球內，再將僅剩的奶精殘渣，全部回沖在咖啡杯內，不剩一點一滴。

　　我們在進行滾動修正時，就要再想一想，如何將自己剩下的「奶精殘渣」完全利用得一乾二淨。但是，要如何改進與精進呢？我認為，透過有經驗的

前輩（特別是高分考上的）或是學校師長（常常指導學生進行面試而經驗豐富的），經過他們的檢視與意見提供，作為修正的依據，是最佳的方式。

　　一般考生常遇到這樣的難題：「很多人提供的意見都很不錯，但是意見一多反而衝突了，要如何取捨？」一般人的問題是聽過太多人的意見後，修改太多，反而失去原有架構。聽不進去別人的意見，又顯得剛愎自用，又是另一個問題。要知道，沒有一個人的建議是十全十美的，個人的經驗是要有自己的主張與風格，從別人的建議當中，擷取適合自己的方法，便會獨樹一格。

第二章

粉墨登場

——這是一場人生的大戲，需要用心彩排

「自信就像肌肉一樣，是鍛鍊而來的，不是天生長成的。」有充分的練習與準備，就能從容不迫，才能散發充滿正向能量的自信，讓你優雅而沉穩面對人生。每一個組織與團體，都喜歡與正向能量的人共事，因為正向能量的串流與聚集，會影響組織與團體文化的向上、向善發展，這樣的人也是一般組織企盼的人才。

第一節　以放鬆的心情找回自信

在準備面試前，大部分人的心態都一樣，不管已有多少次的經驗，卻仍然緊張害怕，尤其是曾經被考試官「折磨」得失去信心的人。往往不知道問題出在哪裡？所以更顯裹足不前。然而，進到口試這一關，心態沒有準備好，永遠矮人一截，要記得，你害怕，別人也害怕。沒有了信心，一切免談。與其害怕擔心，倒不如讓自己置之死地而後生，告訴自己：「**我已經準備好了，沒有錄用我，是這個單位的損失**」（但是真的要作好準備，而不是吹口哨壯膽而已）。

- 要如何讓自己放鬆心情、不緊張而充滿信心？
1. 如果有信仰的，**請告訴你信仰的神，請祂賜給你安定的力量。**
2. 自我介紹、練習題目，**多練習幾次，才會讓思緒暢通，言詞無礙。**
3. 前一天，**先到考場熟悉環境與動線。**當天。要提早到，避免當日匆忙慌張，影響心情。

曾經請教過一位擔任主考官的資深教授，您給高分的標準是什麼？他表示：「**信心是最重要的關鍵。**」有沒有信心，往往一進門就已經高下立判，在考官的心目中，往往會留下「先入為主」的分數。人的外貌與生俱來無法改變，雖然「顏值」高會佔些便宜，但是沒有自信與笑容，還是佔不了便

宜。而且，會讓人感覺畏畏縮縮、缺乏溫度，甚至懷疑你是否能勝任這份工作。

第二節　以誠意與務實建立自信

在面對口試的考場上，「**有些人自信而從容，讓人放心；有些人則肆無忌憚、口若懸河，讓人擔心**」。口試的好表現，會顯現出「誠意」與「務實」的特質，也就會讓人覺得將工作交給他們就「放心」了，考生必須要展現這種特質。

什麼是「**誠意**」？就是誠實的心意，太過或不及的表達都不好。那如何分辨是否有誠意的表達呢？這有三個重點說明，**其一，是要為自己的言論負責**。相關的履歷不能找人操刀，自己甚至不清楚內容，一問就露餡了；**其二，是有一分證據，說一分話**。不過度膨脹自己，甚至誇張到讓人懷疑真實性，如遇到有經驗的委員，通常只要稍加的追問，便知「有沒有料？」**其三，是要忠誠的面對自己**。所表述的內容，一定要自己親身參與過的經驗。因為誠信是大家最在意的人格特質之一。幾年前，幾個重大的國際金融案件，都是因為品德、操守上出了狀況，造成公司極大的損失。當過主管的人都知道「專業可以訓練，態度可以培養，唯品格的養成根深柢固」也就是本性難移，很難在短期間內有所改變。

再來說「**務實**」，務實表達著你到底是認真的經營？或是你只是略懂皮毛，「沾沾醬油」而已。有些人「口若懸河」，說話的內容有如海市蜃樓，美麗而距離遙遠，一點溫度都沒有，彷彿全世界就他最厲害，這樣反而凸顯個人主義作祟的不良觀感。

所以「務實」就是表現在工作上的認真的歷程、專業的合作精神，想一想如何在口試歷程中呈現認真又有熱忱的我，才是當務之急。

High light

- 如何表達自己的「誠意」，讓委員青睞？
1. **要為自己的言論負責**，相關的履歷不能找人操刀。
2. **有一分證據，說一分話**，不過度膨脹自己。
3. **要忠誠的面對自己**，所表述的內容，一定是要自己切身的經驗。

第三節 以不斷的淬鍊展現自信

那要如何作好準備，讓自己有信心呢？「**人一能之，己百之；人十能之，己千之。**」要不斷的淬煉與積累，才能堆砌自己的信心。舉凡自我介紹、回答問題、一個笑話、一個感動的故事，都是要經過精心安排，尤其是做好充分的練習，與修正回饋是必要的。有些人是「天生聰穎」一開口就有個人「魅力」，所以容易在面試中出類拔萃。但是，我們一般人，若無如此「魅力」，只好更加「努力」。

很多人可能都跟原來的我一樣缺乏信心，一上場就緊張，一問問題就腦筋一片空白，一開口就不知所云。我會這樣說，當然是有所本。在我就學的時候，學校要求要三分鐘即席演講，而我卻竭盡所能，能跑則跑、能閃則閃，想辦法逃避，一直到畢業前，連一次公開演講的經驗都沒有，甚至還沾沾自喜，以為從此就躲過了站在眾人前面發抖說話的壓力，殊不知，「**出來混的，總是要還的**」。畢業後，當第一次需要面對眾人說話時，硬著頭皮，手上寫滿了重點，卻因為掌心冒汗，所有的字都擠成一團了，更慘的還在後頭，我因為緊張，手抖得十分嚴重，所以連模糊的隻字片語都看不清楚，最後慘狀可想而知。

有了第一次的經驗以後，我就開始思考如何改變策略，在上臺前，先將要說的重點背熟，自己默念幾次，再加上只要有任何的分享的機會，就積極準備，不畏懼、不逃避，以增加說話的經驗與技巧。在演講前，一定要先在

PPT（簡報）底下寫下完整草稿，演練多次。接著，不看稿再說一次，哪一張要說什麼故事，要講什麼笑話，要舉什麼例子，都要先預先準備好，慢慢地說話就比較有口條，也更有了信心，連膽子也變大，臨場反應也慢慢變好了。

　　蘋果電腦創辦人賈伯斯（Steven Paul Jobs）也曾經說過：「**我們一生所做的事很有限，所以只好做到完美**」。有一次他穿著牛仔褲，搭配白皙的襯衫，站在發表新一代的電腦發表會場上。只見他慢慢地從牛皮紙袋中抽出一臺極為輕穎的筆記型電腦──MacBook Air，產品具時尚而態度優雅。這一幕開啟了全世界筆記型電腦輕、薄、短、小的時代來臨。從牛皮紙袋掏出筆記型電腦的動作，從哪個位置走到哪一個定點、做什麼動作、說什麼話，看似輕鬆寫意，其實都是經過不斷反覆精算與設計，不是隨機應變。賈伯斯，一位大企業家對於一場發表會都能如此「龜毛」（要求苛刻），才能維持今日蘋果電腦的品牌競爭力。平凡的我們，應該記取其精神學習，才有機會勝出。

　　所以，當你將自我介紹的文字稿熟背以後，才能盡情發揮，才能有從容不迫的表現，千萬不要認為死記文字內容，會讓你說話時變得綁手綁腳。其實，這是一個重要的歷程，當你記進腦子裡的材料越來越多，就能將口語表達發揮如行雲流水般自然。到時，再根據現場的反應做調整，就能實現「**唯有死記才能活用**」這句話的精神。

　　每一次成功的演出，都是在上臺前無數次的演練與修正。沒有一個人是天生的音樂家、演員、演說家，這也驗證了愛迪生說的那句話：「**成功是一分天才，再加上九十九分的努力。**」

　　所以，「**自信來自無數次的反覆練習**」特別是你若有心靈上的宗教信仰，無論是媽祖的庇佑，或是上帝的保佑，甚至阿拉的祝福，不妨自助天助，祈求心靈安頓，就能夠從容自信的登場。若有幸能在現場和委員輕鬆寫意的聊天（有計劃、有系統、有內容的聊天），甚至帶有笑聲的互動，那麼離錄取的距離就越來越接近了。

Date _____ / _____ / _____

第三章

沒有第二次了──
不要輕易地放過自己

第一節　年紀漸長，會讓你逐漸失去競爭優勢，早點考上吧！

筆者看過許多年紀不輕的代課教師，打拚了十餘年，仍然無法成為編制內教師，看見他們斑白的鬢角、深厚的魚尾紋、無法確定人生的徬徨無助，真的極為辛苦。年紀變長會失掉優勢，競爭力也逐年消失。雖然年資以及經歷，是一個很重要的歷練，但是，達到了一定的年齡後，別人會懷疑你能力的風險也就隨之增加了，不是你不優秀，而是懷疑你，為何年紀一大把還無法考上？是不是個有特別狀況的人？是不是工作能力有問題？這是在這職場上的潛規則、不能說的祕密，部分的委員對這件事也會有偏見，這也是中年失業後，不容易找到工作的原因。

然而，正式教師與代理教師，猶如公司正職員工與派遣人員，不論是薪資或是福利，相差甚遠，但這些辛苦的考生，不是沒有努力，也不是不想考上，往往是沒有下定決心，或者找不到最佳成功的「方程式」，導致再怎麼付出，也是徒勞無功。

「**要想人前顯貴，必得人後受罪**」要金榜題名，一定要痛下決心，告訴自己：「**我這次就要考上，不要有第二次了。**」並要有**破釜沉舟的勇氣、實踐的毅力**。賴利・包熙迪（Larry Bossidy）與瑞姆・夏藍（Ram Charan）曾說：「**沒有執行力，哪來競爭力？**」一次又一次的失敗，分析起來的原因卻可能是「**找不到方法、下不了決心、缺乏實踐的勇氣**」不要再放過自己了！

第二節　在人生的路途中跌倒，也要順手在地上抓起一把成功的沙子

「**找不到方法**」是最辛苦的因素之一，這種情況像個盲劍客，看不到自

己的未來，失去人生指引的燈塔，卻要在殘酷的舞臺上奮戰，要解決這樣的問題的方法，可考慮**向標竿學習、為自己解析**。經歷沙場的前輩，每個人都有一套成功哲學，特別是名列前茅的「資優生」，或許可向其請益，找出他們成功的共同特點，交叉比對，整理關鍵的 know how，表列重點，並逐項省思自己的不足之處，會讓你省掉許多盲目摸索的功夫。

記得有一次下班後，看見幾個同仁仍挑燈夜戰積極準備考試，好奇心的驅使下，讓我決定一探究竟。一進門，我發現桌上正好有一疊考古題。我問：「這麼多的題目，你們如何準備？」一位前一年考上的同仁說：「甄試的題目都是選擇題，每一次雖然題目不同，但有共通之處，其中，我發現一件有趣的事，有些今年考的題目，是從去年錯誤的答案衍生而來的，另外，各科的重點也都大同小異，所以我將近幾年考題錯誤的答案彙整，並徹底的融會貫通，這樣做不僅節省時間，也更有效率，如果不懂的地方再回去翻書本，考題的掌握度就更高了，所以隔一年就考上了。」原來這就是從失敗的經驗中，找到反敗為勝的方法。「**在人生的路途中跌倒，也要順手在地上抓起一把成功的沙子。**」這就是用聰明的策略，找對的方法去解決問題，方能勝出。

第三節　不要為失敗找藉口，要為成功找方法

「**下不了決心**」這是最常見考不好的理由之一。而下不了決心有很多種原因，諸如：「要照顧自己的小孩、要照顧長輩、時間還早得很……。」這些也「真的」是很好的理由。但是等到有一天，你將這些生活中的瑣事都處理好後，要靜下心來好好準備，也可能欲振乏力，時不我予了。

要知道，每個人的條件與困境都差不了多少，也都非常忙碌，沒有幾個人會有完整的時間來準備考試，端賴個人如何去規劃時間、如何善用零碎的時間。假使你下不了決心，會有很多人謝謝你，因為又少了一個競爭對

手。記得有一首流行歌曲〈新鴛鴦蝴蝶夢〉是這樣寫的：**「由來只有新人笑，有誰聽到舊人哭？」** 在考場上，「新人」，指的是金榜題名的人，在放榜後，有一堆人恭喜，而落榜的「舊人」卻只能在暗地裡啜泣，這也正服膺了在人生道路上，**「錦上添花者多，雪中送炭者少」**，那種淒涼的場景。

另一個常見的原因是我平常上班上課已經很累了，累到沒有時間好好來準備。但是，每一個人一天都是 24 小時，沒有人例外。**「生於憂患、死於安樂」**，人容易生活在安逸的舒適圈中，而喪失鬥志。沒有考上的理由有很多，但要記得，考上有一個重要的原因，就是「下定決心」。

第四節　在成功這條路上，往往不是聰明者占便宜，而是積極努力者占優勢

最後，**「缺乏實踐的勇氣」**，影響之至，是將時間規劃好後，卻沒「按計畫執行」，在時間悄悄溜走後，往往**「驀然回首已在燈火闌珊處」**，檢視後又是失敗的一年。你一定要檢視當前什麼是人生最重要的事？要學會與週遭的親人、朋友商量，並告訴他們，你現在面臨人生的重大關鍵，為了自己也為了家人，請大家多體諒，讓你有更多的時間專心的準備考試，一旦金榜題名後，一切恢復正常。就如同有很多優異的名校考生，分享類似的成功經驗：「刪臉書、砍手機遊戲、停用通訊軟體……等。」雖然手段激烈，卻是效果良好。總之，要有實踐的勇氣，**「人的成功往往不是聰明者占便宜，而是積極努力者占優勢」**。

「我只是想考考看！」很多人的心態只是想考考看，至於結果就想交給老天爺去安排，所以也不會用心準備，可是因為報名了，沒有去應試又覺得浪費了錢，最後導致犯的錯誤、後悔的因素，每年都相同；**「如果你每次都只想考考看，那有可能一輩子都只是考考看」**。有些人，覺得每次考試運氣都很差，都抓不到重點題目，甚至怪罪有人運氣好，考上是遇到認識的委員等等。然而，就算有人有辦法靠關係，但也不可能每一個人都是「如此考上

的吧」？

　　如果抱持負面心態，惡性循環，年復一日，成績一定一次比一次差，更糟糕的是，最後連信心都沒了，一旦上場，表現出著急、緊張的樣子，卻又很想要成功，內心盲目衝突，會一直跟隨著不安的心而逐漸喪志。然而，有些人不被當頭棒喝，是不會清醒的，這樣下去一點競爭力都沒有，也就離成功越來越遠了。所以，當你沒下定決心前，往往心態是應付自己，應付別人，千萬也不要自我設限，其實每個人都有其優勢與機會，沒動手做，一切免談。

　　「**抱怨不會讓你成長，反思才會讓你榮耀**」與其採取消極的觀望態度，倒不如就採取積極行動，不要再來一次了。《孫子兵法》：「**求其上，得其中；求其中，得其下；求其下，必敗。**」我常提醒考生，要設定自己的成績目標，千萬不要認為剛好考上就好，這樣考出來的成績通常不會太好，最好要能有高瞻遠矚的胸懷，一步一腳印的去實踐。

　　有個考生與我分享經驗：「在一次重要的考試當中，我告訴自己，筆試、面試都要前 10 名，當成是自己的目標，努力達成最後結果筆試前 20 名，面試約在 10 名上下，最後兩者相加，名次竟然和設定的前 10 名相去不遠。」「**下定決心，付諸實踐，也許這次未盡全功，即使下次重來一次，也不會是從 0 開始**」這樣才能累積自己成功的能量。

High light!

- 「不要輕易放過自己」的方法：
1. 告訴自己：「我這次就要考上，不要有第二次了。」
2. 不要為失敗找藉口，要為成功找方法。
3. 即使在人生的路途中跌倒，也要順手在地上抓起一把成功的沙子。
4. 設定要考上的高標準分數，全力以赴。

Date _____ / _____ / _____

貳　簡介篇——
如何讓人留下
美好的印象？

第四章
如何亮點布局？

「有設計感的簡歷可以帶你輕鬆進試場；而無趣且空洞的簡歷，會讓你被追問得防不勝防。」有亮點的布局，才有機會脫穎而出。

第一節　你認真，別人就當真（戴勝益）

在面試的現場，若是可以遞交個人簡歷（三摺頁），這是很好的來行銷自己的機會，因為通常一位委員在發問時，其他委員可能閒來無事，便會翻閱簡歷，若有所準備，必有加分效果。但千萬不要只是存著應付的心態來準備簡歷，因為，匆忙上場，有時反而會暴露自己的缺點，會讓人覺得：「面對這麼重要的面試，你竟然一點也不重視？」也許漂亮的簡歷表不能代表什麼，但是枯燥無味、毫無內容的簡歷，卻可能會讓委員覺得你不重視這場面試，反而會問一些奇奇怪怪的問題。

反之，簡歷也不要華而不實，或是請別人代工的，不要以為華麗的美編就可以讓人對你產生好感，千萬不要把面試委員都當成無知者，你所列舉的每一項事蹟，只要細問，都可以問出端倪，到時反而容易陷入進退維谷的泥淖當中。

沒有準備好簡歷，表示幾個意義：「一是你不是很重視這場面試；二是你準備得太匆忙了，根本來不及準備。」然而，見面的第一印象極為重要。這樣說好了，你知道今天有重要的客人到訪，如果你在意，一定會將家裡打理一番，並穿上比較像樣的服裝，等待迎接嘉賓。如果面對人生重要的面試，表現得很草率，甚至讓人感覺很不負責任，要記得：「**你隨便，別人（面試委員）也會不在乎。**」

也許有人說，資料的表現，只要具體而忠實呈現，就可以了。但是，在這以視覺導向的年代，若能創造瞳孔效應，應該更能吸引目光。我常看到的問題是，明明有八分的實力，卻只有四、五分的展現，那就可惜了。

再談另一個問題，如果簡歷資料塞滿紊亂的內容，反而透露出應試者的思考能力出了問題。面試委員需要的是一位進職場，就是即戰力的新兵。如果一位新鮮人，進了職場還要花費大把工夫重新教育，甚至最後失敗收

場，成為機關組織的累贅，我想大部分的職場也會寧缺勿濫（很多考試，最後公告錄取不足額的原因可能在此）。透過資料的系統彙整，建構自己的思考邏輯，是另一種專業，也是負責任的行為。

資料整理缺乏規劃系統、邏輯架構、資源整合，反應出思維的紊亂，而這些能力，對於職場或是學校在選才時，是重要的考量因素之一。試想一家公司要你寫一份企畫書，要你參考公司的產品做有系統的行銷規畫，以及進行計畫邏輯架構分析布局、統整資源，這些能力你都闕如，那你進來的意義又在哪裡？如果在基本的資料就看出你的「能力不足」，這些委員恐怕也會想：「謝謝，再聯絡了！」。

第二節　布局亮點履歷，創造屬於自己的「紫牛」

履歷的編寫，得視你所要的面試內容來規劃，一般分首頁（學歷、經歷、得獎記錄、特殊證照，以文字為主）、內容頁（個人理念、精彩活動照片、自傳、讀書計畫等等）、末頁（未來展望、得獎相片、獎狀、特殊證照）。在安排時，類似作文的段落配置。龍頭（首頁）、豬肚（內容頁）、鳳尾（末頁）依序表列。「龍頭」是要讓閱讀者在最短時間認識你，「豬肚」是你到底有什麼墨水？是不是真的有料？是不是有自己的想法？「鳳尾」通常闡述的是自己的願景及未來展望。

綜合以上，分別就上述關鍵點說明。**學歷占優勢、經歷表功力、證照會加值、理念得人心、自傳有亮點、績效顯能力**，所以履歷表的編寫何其重要。

一、學歷占優勢

學歷是「死豬仔價」──沒得談。什麼學校畢業，是不能捏造的！只有忠實呈現，才不會弄巧成拙。如果你的學歷顯赫，那恭喜你，應該會為你增色不少，如果再用黑色粗體或紅字去凸顯，會有加分效果。但如果你的學

歷歷程，沒有把握是否會受到青睞，就呈現最高學歷即可，因為這只是參考的條件之一。個人有優勢的地方盡量去凸顯，至於自己的劣勢，要想辦法藏拙，學歷如果自認不占優勢，就必須好好表現自己的經歷與績效，也可以表達自己終身學習的計畫，在未來以拉長戰線的考量，儘量補足這塊拼圖才是。

二、經歷表功力

如果你沒有含金量較高的學歷，但是認真的參加了許多社團活動、專業進修研習，或擔任校際交流活動的招待，甚至在哪些企業的工讀經驗，都可以好好說明，也可以顯現個人與眾不同的歷練。假使以上均無，只好放些接待哪些重要人物、主持一場重要的會議活動，或是看過哪些書？想一想哪些是你獨特經歷？而且是別人沒有的，就是很棒的經歷了。

三、證照會加值

證照代表你在不同領域得到的肯定，就像 CAS、GMP 等食品認證一樣，這些認證的產品對消費者，總有一定的說服力。專業證照的取得，顯現出個人終身學習的態度，讓人覺得你是一位勇於嘗試、樂於學習的人。特別是具有跨領域的證照，會展現出你的與眾不同，如果應考的單位或學校需要這方面的人才，你的機會就來了。例如，誠徵的是高科技人才，而你卻兼具行銷專長，甚至又有日語的檢定通過證照，也許就成為傳說中「徵的就是你」。各行各業需要不同領域的人共同合作，才能提升組織的競合力。在競爭激烈的職場中，一定要有兩把以上的刷子，才能創造出自己的獨特性，以及不可取代性，才能存活下來。如果，所有人都能取而代之於你，自然就容易被淘汰，在職場上是如此，在學校科系人才也是。**「未來是跨領域人才的世界」**，你必須成就自己的「斜槓人生」，而所謂的**斜槓人生**，亦就是在原本的領域專長外，再畫一條斜槓，增加自己的第二、第三專長，個人的競爭力就會大增。

四、理念得人心

個人理念，對於要報考的科系，或是職場，有著重要的意義，猶如燈塔之於大海，讓你在這個領域當中，不至於迷失方向。

個人建議，要畫一張屬於自己理想中的願景圖，表達自己在這領域的哲

學思想。「**沒有理念的人，找不到人生的出口**」，就像宗教對於信徒的影響一樣，指引希望的未來。以前年輕時不懂那些對於熱衷宗教的人們，為何願意貢獻自己，犧牲自己，只為追求人生的價值與意義，後來經歷一些事件的衝擊與人生的歷練，慢慢發現——宗教信仰，讓人虔誠，讓人信服，讓人願意為所敬仰的神，付出一切。有了信仰，使人不易茫然，即使在極度的壓力下，能安頓信徒的身心靈，也比較不容易無助與徬徨的迷惘。

理念是個人的信仰，代表個人的深層思維，它是你在處事的心靈導師，指引你的方向與目標，在面對壓力時，不易有茫然感，也不會有不知為誰而戰的窘境。

在使用語彙的運用，應多使用「形上學」（指事物的本質）的高層次語意表達。例如，報考的是醫學系所，就可以用熱誠、愛心、服務……等；報考建築系所的，就用創

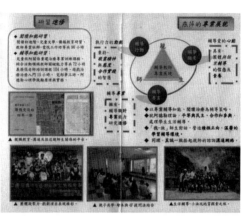

▲ 理念引領人生的努力方向（感謝曾燕萍老師提供）

新、美感、安全……等；報考的是與教育相關的，就建議用愛心、關懷、創意、永續……等，最重要的是能結合個人的個性、想法，與報考的學校或是職場，做策略性的連結，這都需要花時間去省思、去發現。你想成為怎樣的人？人生的目標為何？在面試前，你就必須思考，好好敘說你的故事，才能得人心。

五、自傳有亮點

一般人的自傳，通常放自己的基本資料，例如，我的家有多少人？我在家裡排行第幾？我出生在哪裡？我曾經在哪裡工作？參加過哪些社團？得了哪些獎？內容千篇一律，不易勝出。

如果要能脫穎而出，就要思考如何與眾不同。例如，在一群黑白相間的

乳牛中，如果突然出現一頭「紫色乳牛」，想必讓人印象深刻。在茫茫人海中，如何讓自己成為那頭「紫色乳牛」？那就要有不同一般人的思維。那如何達成「**紫牛效應**」？首先，就是你要表達個人的「特殊性」。其次，呈現出其他人無法輕易取代。另外，也要與所要面試的單位或是學校，具有高度相關性，要「**念茲在茲**」，不要偏離主題。

　　職場中的競爭激烈，許多人在考場上，一考就是十幾二十年，反之，我也遇到過，從未有工作經驗的年輕人，卻是在第一次面試中就脫穎而出。據我了解，原來這個年輕人，他在求學的過程中，就積極參與偏鄉服務社，當上了偏遠學校的「史懷哲」教師，他將這一段寫在了自傳上，既特殊又能彰顯他服務貢獻的精神，所以才能從競爭激烈的考試中，金榜題名。

　　相同的，如果你報考的是金融相關的系所，除了原本的專業經歷與背景外，是否能有相關的故事可以提供？例如，到金融機關從事社會服務；考電機電子系所的，曾經參與無人車的程式設計、電腦編程比賽，都會成為加分的利器。但如果都沒有呢？（輔導的考生，十之八九都這樣回答我）那只好從自己的經驗中發掘，也許找個可信任的長輩或是老師，談一談，從聊天的過程中找尋靈感，從他人的眼光中，也許會發現不一樣的自己，除非你從來不曾好好感受生活，或是對生活盲目，那就得另外想辦法了。

　　自傳，千萬不要記流水帳，要找到自己經歷的亮點，才能脫穎而出。

六、績效顯能力

　　績效容易讓人肯定你的能力，績效也彰顯你卓越的一面。考場流傳著一段笑話：「**沒有績效，肯定被譏笑**」，因為沒有顯著的績效，與他人比較之下，就容易遜色。

　　平心而論，委員在面試的參照點很多，面試成績高低是一個綜合評估的結果，績效只是評價的條件之一，但是不可否認的，有了績效的加持，就如同電玩中，「開了外掛」的電玩程式，或者是拿到了寶物的絕地武士，會有加值加乘的效果。

　　績效也是平常的經驗累積，這些經驗有些是自己有興趣的，那當然甘之如飴，也有些是長官給予的機會，或是經指派的，千萬不要輕易推辭，因為

好不容易找上門的機會，不要讓它溜走，「萬丈高樓平地起」，成功就是一連串經驗的累積，**「把好牌打好是功力，把爛牌打好是功德」**。

「凡走過必留下痕跡，凡做過一定會有實績」，當然這個實績未必是獲得獎項，也可以是參與的過程、所體會的心得，甚至得到的經驗值。在口試的歷程裡，如果能好好鋪陳，都可能為自己加分。

我曾經鼓勵一位替代役，不要白白浪費這段服役的時間，你應該根據你將來想要面試的工作，利用工作之餘，去參與一些活動、研習或是競賽，甚至協助學校的課程活動，為自己增加歷練，也為自己增添履歷的光彩。他確實聽進去了，參加全國性的比賽，榮獲全國的第二名獎項，果不其然，退伍後，在參與各項的甄試，就變得順遂許多。

績效會影響面試的結果，呈現的是你參與比賽或是活動的願意投入的態度，或在某領域受到專業委員的肯定，所以能凸顯比一般人更優秀的表現與積極的企圖心。另一方面也增加你人生歷練的豐厚度，因此，有些差事看似辛苦，但有機會多嘗試、多歷練，最後這些努力的成果，將回報在自己身上。

第三節　有些資料放第一頁，其實是多餘的

為什麼第一頁這麼重要？農曆正月初九是「天公生」，各地廟宇常有搶頭香的活動，據說這是因為玉皇大帝對於搶頭香的人，會給予特別的庇佑。地方選舉的時候，候選人如抽到 1 號，稱之為籤王，大家對登記 1 號容易留下印象。又如，各項比賽，大家往往會記得排名第 1 的是誰？還有，家中排名第 1 的老大，永遠是家族裡大家最常提到的名字。

第一頁，常常是委員最容易翻閱的那一面，因為曝光率最高，停留時間也最久，就像在演藝圈的俊男美女們，容易受到矚目，那是因為「門面」真的很重要，特別是第一眼的印象，所以**第一頁就要讓人印象深刻**，才會讓人有繼續翻閱的興趣。

第一頁，一般人常常放的是大頭照。接著，放一些類似生辰八字相干的東西，例如姓名（這是一定要的）、出生年月日（好像應該放），出生地

（也許遇到同鄉的會加分）。

其實，有些資料除非另有特別規定，否則可考慮刪去，因為既占篇幅，又與個人能力的呈現無關。例如：住址、手機號碼、E-mail、身分證、家裡成員等等，除非有特別規定，否則都可考慮刪除。以上表列，記住一個原則「**不會加分的資料不要放**」。否則浪費篇幅、浪費行銷自己的好機會。

我記得有考生問我：「個人相片只能放在框框裡嗎？」我說：「你有更好的想法嗎？」他說：「可不可以像明星海報一樣，放整個版面當襯底？」其實，這樣的思考邏輯是正確的。「**有些事在合於規範的框架底下，力求突破，才能創造自己勝出的機會。**」

所謂「創新」，是要大膽嘗試、別出心裁，但是卻沒有「違和感」。大部分考生會將個人相片放在指定的框架內，但這位考生卻發揮創意，突破了框架。隔天，他拿簡歷給我看時，真是令

▲ 創新的「大頭照」有吸睛的效果（感謝盧家敏老師提供）

人驚艷，圖中一位英姿挺拔的球員，運球的帥氣模樣，就放在第一頁，真是好看。原來他是要考體育相關的系所。在淡淡的彩圖底下，呈現出他的「認真、努力」，醒目又極為搶眼，這就是所謂的第一頁就要加分的道理。

相片另一個功用是自己會說話。有一個學生放了一張騎腳踏車環島的相片，精神抖擻、意氣風發，委員就不經意的問這張相片在哪裡拍的？這位學生就開始敘述這張相片的來龍去脈，瞬間就拿到面試的「發語權」，接著就和委員聊開了，一直到整個面試結束，也沒問太刁鑽的問題，也就順利入學了。好的相片會有「引人入勝」之效。

還有一位同學，放上與珍古德（Dame Jane Goodall）教授合影的相片，那是他參加一場環境教育的研習，恰巧有幸能與這位生態鬥士合影，在參與過程中想必會有很多的靈感與心得，果不其然，委員當中剛好也有一位

對自然生態熟稔的專家，對於他能參與這樣的盛會，表達高度興趣，也就一見如故的東聊西扯，最後當然是榜上有名，順利考上了。

　　以上的故事告訴我們，第一頁的相片真的很重要，因為競爭者眾，在厚厚一疊的履歷表中，可能委員們隨便一翻就忘了。在茫茫的人海中，還有誰能記得你？唯有讓人產生深刻的印象，才能在眾多考生中脫穎而出，所以，任何的細節與布局都不可輕忽。

第四節　第一頁要如何挑選相片？

 High light:

- 履歷表該放些什麼？
1. **龍頭**：個人相片、學歷、經歷、得獎記錄、特殊證照，以文字為主。
2. **豬肚**：個人理念與自傳、精彩活動照片、讀書計畫等等。
3. **鳳尾**：未來展望。

Date _____/_____/_____

第五章
吸「睛」的順序 ──
圖→表→文

在 3C 產品與數位科技充斥的年代，人們的閱讀習慣，已經從以文字為中心，慢慢轉成以圖形、圖像為主的閱讀習慣改變。現在手機的介面，都是以 APP 的形式設計，將所要用的程式窗口，簡化成所見即所得的圖案，讓人印象深刻，也方便閱讀。這樣的科技趨勢也代表著另外一個意義：現代人對於閱讀文字缺乏耐心，凡事強調快速敏捷，時間就是金錢，已經每件事都要「快！快！快！」年代，顯見圖的重要性不可言喻。圖、表、文的順序，符合現代人閱讀習慣的「吸睛」順序，讓讀者在最短的時間內，迅速閱讀又有效率，正是這波數位科技浪潮下發展出來的閱讀習性。

第一節　鑲嵌顯眼的「圖」

簡歷上所放的圖，可分為活動相片、願景圖（個人的哲學思想）、媒體露出等等，以下針對各項圖的挑選與擺放，進行說明。

活動的相片，可分為一般活動相片、與長官合影留念相片等等。一般活動照片記錄個人努力歷程，而與長官、仕紳合照，則可遇而不可求，放了這些相片，不能只有沽名釣譽而已，而是真有服務或是努力得獎的事實，才能心安理得。切記！放在簡歷上的任何資料，一定要為自己負責。「**任何形式的包裝，都不能離開真實的本質**」。如果這些相片，能夠適時地在以記錄自己的努力參與歷程，相對的也豐富了自己工作經驗值。

得獎相片往往不容易保留，或是忘了拍照，要用時才徒呼負負。很多人平常沒有收集相片的習慣，甚至不以為意，等到有一天要用到時，才覺得「方恨少」，所以，有上臺的機會，記得請三五好友協助，留下美麗的倩影，或者在會場門口多拍幾張照片留戀。個人的經驗是：「**上臺時匆匆忙忙，未留倩影，回家時才悠悠悵然。**」因為在臺上有時匆匆一過，手機或相機的拍照速度跟不上，最後只能留下非常「抱歉」的模糊身影，因為「**再多的抱歉，也喚不回美麗的遺憾**」。所以，盡可能多拍幾張，最好多請幾個人幫忙，應該就不會有「漏網之魚」了。若有些頒獎已經事過境遷，那就用補拍的方式，這也是一個可行的辦法。

　　獲獎獎狀（或感謝狀）的展現，就要透過平常的努力與付出，來爭取為自己加分的機會。獲獎獎狀，通常分個人或是團體。若想要得獎，則要衡量自己的優勢在哪裡？加上用心耕耘，才容易獲獎。獎狀挑選原則，最重要在於質量，要挑選具代表性的、可以加分的為主，放置過多的獎狀，反而失焦。另外，獎狀的解析度一定要清楚，也要加上說明的文字，才能有輔助閱讀的效果，但是，如果沒有亮眼的績效，有參與社會服務的感謝狀，也很不錯，因為沒有「功勞」，只好以「苦勞」彌補。

　　個人願景圖，指的就是個人價值、想法與信念，也就是個人在人生旅途中的信仰。從另一角度來說，是指引你人生的燈塔、人生的羅盤，讓人生的目標有了聚焦與方向。「**羅盤之於大海，猶如願景之於人生**」。那如何建構屬於自己的人生願景？這要從解剖自己開始。然而，每個人都有屬於自己的優點，要如何呈現？建議運用高層次的語言去建構，會讓自己的高度與格局變得比較寬廣。例如，「個人特質」用樂觀、樸實、果敢、剛毅、主動……，在「態度作為」方面可用尊重、責任、關懷、誠信、感恩、合作、反省……。從這些較高層次的語彙中，找到屬於自己特色的用語，這是在個人願景建構時可以參考的。另外，可以從你進入這個職場的想法，或是結合面試的學校、職場的創校精神、理念，融入自己的願景，就會有御風而上之效了。

　　媒體露出方面，指的就是電子媒體、平面媒體的相關報導，或是學校刊物的刊登。如果有相關事件的報導，就會有更客觀的驗證之效。媒體露出誠屬不易，如果有得獎或是相關活動的團體採訪，那可遇而不可求，若無，以新媒體行銷的方式（如，FB、IG 等……）也有不錯的效果，都可以加以彙整、運用。

第二節 描繪出色的「表」

　　表格的分類以同性質的活動或表演為依歸，不宜雜亂無章，或是重複累贅敘述。舉凡歷年得獎、演出、演說、展出、寫作等等，都可以表列的方式

說明，但是因為考量閱讀的便利性，再加上面試時程十分短暫，委員翻看資料的時間稍縱即逝，建議所有表格內的敘述，一定要簡明扼要，**每一事件的敘述建議以一行為限**，因為只要太過冗長（超過二行）就會造成閱讀不便，也不易閱，所以，**資料的準備，不在於你準備了多少，而在於你呈現了多少。**

當蒐集的資料較多時，要進行分類，如創意表演、志工服務、得獎記錄等等，並於記錄的文字中，將重要的活動名稱、等第、獎項，以粗體或是用顏色標示出來，加以區分，但是切忌使用過多的顏色，讓視覺上產生「花格格」的感覺（五顏六色，混淆了主視覺呈現）。**文字的顏色建議以三種為限，才能清晰地閱讀，**也不會讓讀者眼花撩亂，如果表演或是得獎次數較多，

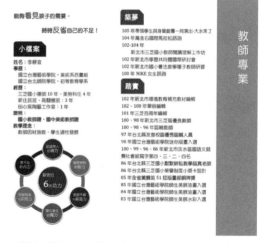

▲「簡明扼要」是三折頁的必要原則（感謝李靜宜老師提供）

要統整，避免太過冗長，並在表格後方，作簡單說明。例如：參加童軍服務時數共○○次，或是參加○○縣市科展榮獲優勝○○次，用精簡的文字，會更讓人一目了然，因為倘若同樣一件事說了十幾次，並不一定會有加分的效果，反而會覺得煩瑣、冗雜。

第三節 打造有感的「文」

「文」的內容，包含個人理念、個人簡介、未來期許等部分。

個人理念，可以從願景中發展而出，這樣前後才有連貫性與一致性，並

以條列的方式，結合自己的價值觀、願景，這才能有加乘的效果。另外一方面，對於所要甄試的單位，一定要做足功課，事前進行調查和了解，除了對於報考的系所，或者是單位組織，能有更深刻的認識外，對於面試的委員也更有說服力「你的在乎與用心更能打動人心」，因為在聊天時，如果有共同的話題、共同的價值，會讓你立於不敗之地。

　　個人簡介，是介紹自己讓大家認識自己，通常分為幾個部分：基本背景、學歷、經歷、理念、得獎等等。依照自己的專長與特色進行鋪陳，然而，無論如何陳述，記住：你描述的歷程，一定要和甄試的單位組織與學校系所有所對應，不管是「刻意的巧合」或是「因緣的際會」。如果，你所寫的內容與你要甄試的單位毫無關聯，或是南轅北轍，也要想辦法轉化。有時若個人經驗與報考對象風馬牛不相干，也可以「轉向思考」，運用「跨領域」的結合，有時可能是你勝出的關鍵。換言之，在你個人簡介上，要好好思考人生的精彩故事在哪裡？為什麼要來這裡應試？有沒有非得考上的理由不可？你能為組織單位或學校系所提供怎樣的幫助？未來規劃又是如何？將這些問題釐清楚後，寫在自己的自傳，會昇華出不同的自己，也會更清楚人生追求的是什麼？

　　未來期許，法國著名哲學家狄卡爾的「**我思故我在**」思維，做了最好的詮釋。對於現在與未來的釐清，也是自己一種負責的態度。對未來目標的確立，才能更加努力的終身學習。這個部分通常是作為結尾，可思考從處事認知、態度想法、行為實踐、技能展現等等，以條列的方式，說明自己對未來的期許與展望。

High light!

- 圖、表文要如何呈現？
1. 圖、表的比率不要少於 1/3。
2. 每張圖或相片儘可能要有文字說明。
3. 表的內容彙整要分項度、範疇，同性質的內容要統整，並以次數呈現。
4. 未來期許方面，可以從處事認知、態度、想法、行為實踐等去思考。

Date _____/_____/_____

第六章
美麗相片會說話

第一節　美麗的相片創造「瞳孔效應」

　　根據美國針對一群大學男生所做的研究發現，當他們看到影片中美女的時候，瞳孔便會放大，心跳就會加快，稱之為「瞳孔效應」，所以當你所放的相片，能展現出精彩的影像時，有機會產生瞳孔效應，讓人留下深刻的印象。

　　「**相片能忠實記錄生活的努力與點滴**」。前面簡歷的各項要素中，大多以文字為主，但是往往再多的文字，反而不如一張會說話的相片，特別是曾經做過的努力，記得要用相片記錄下來，不要因為一時的疏漏而錯過記錄自己努力的機會，變成「凡走過，卻不留下痕跡」，等到要用時，就會有「**千金難買早知道，萬般無奈想不到**」的心情。

　　一張吸引人的相片，要「主題」明確，常常發現有人放了一堆的相片，但主角卻要用「放大鏡」才能找出來，或是相片模糊，無法辨識，這都是不佳的相片。相片的呈現最好能清楚看見自己在哪裡，最好是不要讓旁邊的配角搶了風采。另外，動態的相片，又優於排排站的相片，像是認真投入活動的側寫相片，若能加上肢體的語言倩影，就會顯得更加生動活潑。此外，一定要用解析度較高的相片，增加可看性，如果解析度不佳，那就得割捨了。

第二節　不會加分的相片不要放

　　相片的挑選，以報紙露出、重要場合的合影、上臺領獎為優先，如沒有，可挑參與重要的會議、計畫活動的剪影也不錯，但是要掌握特寫重點，若相片不知所云，那就不要勉強了。相片的安排，在簡歷表或是三摺頁當中，是非常重要的關鍵，記得前面所提到的圖＞表＞文的順序嗎？很多人因為貪心，很想把自己一生的資料，往空間有限的簡歷或是三摺頁塞，結果看到的就是一堆沒經過消化資料，凌亂的堆砌而已，不僅個人的特點無法凸顯，還會讓人覺得內容雜亂而沒有邏輯，就弄巧成拙了。

我們常常在公共運輸工具上，看見 Priority Seat 的標誌，翻譯成中文指的是「博愛座」，Priority 指的是有優先順序的座位。照理來說，是依需求性高低，按照優先順序使用的座位。在相片上的挑選，一樣可以依照這樣的邏輯挑選，也就是對相片重要的優先順序，予以安排，還是老話一句——**「不會加分的不要放」**。

第三節　挑選相片的 BEAUTY 原則

　　放置的相片，一定要有說明，因為委員們的時間有限，要有文字的輔助說明，這樣才能清楚、有效的表達相片的意義，也才能將相片的功用，發揮到淋漓盡致。相片中的文字敘述，是對於相片精要的導讀，也是讓讀者快速地明白所要表達的意涵。換言之，為什麼相片的效果，大於長篇大論的內文原因也在於此。面試時間有限，面試委員在非常疲憊的情況下容易失去耐心。所以，**要從芸芸眾生中，快速篩選出來最適合的人才，個人簡介一定要方便考官閱讀**。

　　相片安排與挑選可運用 BEAUTY 原則，就是要**「美麗」**、**「養眼」**，「美麗」指的是讓視覺留連忘返，「養眼」不是清涼養眼的相片，而是要讓人看了舒服的相片。以下運用 BEAUTY 原則的說明：

Brand（品牌）

　　聚焦於個人的特色及專長，能構築自己品牌的相片。

Empowerment（增能）

　　積極參與各項增能活動，能呈現出終身學習態度的相片。

Appreation（欣賞）

　　在各項領域都有傑出的表現，展現令人欣賞的相片。

Union（結合）

　　呈現與團隊和諧，並展現團隊精神，成就每一個人舞臺的相片。

依照各項能力需求的相片，並分門別類。

有關懷與關照他人，樂於服務學習的相片。

Brand（品牌）攸關於個人的品牌與風格，也就是有關個人的特色與專長，是要展現自己的優勢。在人生競爭的路上，「第一」只有一個，可遇而不可求，但是每個人都是唯一，所以要讓自己擁有自信成為「唯一」。你的專長無論是演講、朗讀、畫畫、運動等等，或是傳統中的琴、棋、書、畫，你要聚焦成怎樣的形象，那就是個人的品牌。凸顯自己的風格，相片一定要精挑細選，而且在編排的過程中，要用自己的特色專長，結合單位的需求，目的一致的慎選相片。因為一個組織內，需要各項優秀人才的結合，才能有多元發展的優勢與機會，所以不用擔心自己的所學，要能善用自己的「品牌優勢」。

Empowerment（增能）是檢驗個人是否積極參與各項增能活動，並驗證與時俱進的終身學習態度。**因為唯有終身學習的人，容易積極造就熱忱的態度。**在學校中，積極努力、樂於助人，必定是受人歡迎的好學生，在職場上認真鑽研、願意付出，一定是一位稱職的好員工，這樣的人才，無論在哪一個場域，必定大受歡迎，且因熱衷學習，所以不管在哪一個階段，積極的學習是必然且必須的基本態度。

Appreciatlion（欣賞）指的是在各項領域有傑出表現，是職場單位或是學校系所所激賞的人才。無論是行銷管理的得獎，或是科技競賽等等，能獲得肯定，也都能強化自己的特點，讓委員留下更美好的印象，但是，也並非是所有人都有此「令人激賞的演出」。因此，除了要讓自己的專長獲得定位外，更要檢視自己的能力，與盤點自己的優勢。在每個階段的學習歷程中，有機會一定要勇敢的表現自己，爭取機會，也許我們不是要沽名釣譽，但是，**「在人生競爭的過程中，一定要不斷累積自己的成功存摺，才能有更多能量邁向成功的下一階段。」**

　　Union（結合）指的是共榮的合而為一，展現與社會組織和諧與團隊的精神。有些令人激賞的贏家，往往在組織中，只能孤軍奮戰，不見得受人歡迎，所以在面試的過程中，尋找能夠融入組織文化，具備有人見人愛特質的成員，是組織渴望的人才。在歐美的大學甄試中，強調的能力是你參加了多少的社團，做了哪些服務社會的活動，這會成為入學甄試的重要參考指標，因為這些頂尖名校，競爭者不乏各領域優秀的人才，能脫穎而出的因素，就是這些頂尖人才的群性與社會責任，因為「**教育的目的，就是要培養適應社會與服務社會的能力**」。如有參與社會服務、團體活動、群體合作的相片，能有效傳達具公民責任的訊息，也就符合 Union 的原則。

　　Target（目標）說的是能呈現各項甄試所需的目標能力，並具有基本的條件、能力。例如，以教師甄試而言，應具有的是教師專業、教案設計、課程教學、學生學習等等類別能力。但如是報考推甄入學，則以課外活動、特殊表現、服務學習、得獎作品等等加以區分，原則是讓自己展現多元且豐富的能力，並符合甄試的所需目標。

　　Yay（好極了）所傳達的意思是，一個人如果對工作樂在其中，全心全意投入，能樂此不疲，能關懷與關照他人，成就每一個人舞臺，這是最令人感動與喜愛的容顏，也就是令人喜愛的人。這也是展現出：「**認真的人最有魅力**」。特別在相片中，如能凸顯對於弱勢的關懷與服務，也就能呈現人性最美的本質，也是在各行各業最重視「有溫度」品格。大部分的人都為善不欲人知，但記得在每件事情努力的背後，要為自己記錄下美麗的身影，藉以提醒自己的努力不懈。

▲ 認真的人最有魅力（感謝劉易蟬老師提供）

　　描述相片文字的大小，雖然每個人有不同的觀點，所以見仁見智，但一

般建議**大標題可以用 14-16 號的黑體字，而內文以 14 號字為優先考量**，因為 14 號字的大小適中，閱讀上較為舒服，再加上大部分的委員審查太多資料，較容易疲累，若字太小，會讓閱讀更加吃力。

描述相片文字的字數，以 13-15 個字為基準。為何以 13-15 個字作為考量？因為這個數量的字恰好是快速閱讀一行文字的極限。報紙雜誌的標題，一般以 13-15 個字為準，因為標題的字一多，就不容易達成快速閱讀的效果，也就很難在最短的時間內，引發讀者的興趣。那 13-15 個字的敘述應該如何安排呢？最佳的方式上是動詞 + 名詞，才能簡潔、有力的表達你所要傳達的意思。最簡單的方式是一句話，一個逗號＋一個句號。句子的敘述在逗號的前後，最好有前因、後果關係。前因：指的是你參加了什麼活動？做了什麼事？後果：指的是達成了什麼目的？提升了什麼能力？

例如，以「產業發展教育研習」為例，應加上「參與」、「參加」，完整的敘述應為「『參與』產業發展教育研習」，但為了儘量符合 13 個字的原則，只好調整一下：「『參與』產業發展研習，『掌握』趨勢脈絡」。前面一句指的就是你做了什麼事？後一句說的就是達成什麼樣的目的？以下有幾組熟悉且常用的動詞詞彙，可供參考。

關鍵字頭（尾）	關鍵動詞詞語
參	參加、參與、參觀、參採
推	推動、推展、推行、執行
劃	規劃、計劃、策劃、擘劃
造	打造、營造、塑造、創造
合	配合、整合、結合、統合
新	革新、更新、創新、創造
構	結構、共構、建構、架構
啟	啟發、啟迪、啟動、開啟

文字的巧妙運用，對於相片的說明確有畫龍點睛之效，文字切勿過於冗長，而不知所云，許多人常常忽略文字的敘述，以為相片自己就會說話了，殊不知如果相片無法充分表達，又無文字敘述，這樣浪費原本可以表現

的空間，就太可惜了。此外，有人認為相片中已有背景文字，可以不加，但每張相片文字大小不一，會造成閱讀的困擾，所以空間夠的話，還是要加上說明。

High light!

- 亮麗相片呈現的重點：
1. 有象徵意義的相片（與重要人物合照）一定要放前面，並要顯眼一點。
2. 不會加分的相片，不要放。
3. 相片說明以 13-15 字為參考數（一般人的快速閱讀上限，大概就是這個數量）。
4. 標題以 14-16 號字為宜，內文以 14 號字為優先。
5. 得了獎，當時卻忘了拍照，要記得補拍（回到現場拍會更好）。

Date _____ / _____ / _____

參

自我介紹篇——
如何勇敢秀出
自信？

第七章
關鍵的 8 秒鐘——
如何一開口就讓人印象深刻

根據加拿大在 2015 年的一項科學研究，針對 112 名人員進行腦波實驗，研究顯示，人類大腦的專注力持續時間，從 2000 年的 12 秒，已經縮減到 2015 年的 8 秒鐘。這時間的縮短，代表人的專注力，隨著人們使用各式各樣的 3C 產品，對事的專注力、耐心正逐年下降。在競爭激烈的面試場合裡，人的第一印象會因個人的基本條件不同，而有所差異，有些人天賦異稟，或是天資聰穎，一舉手一投足間，會散發出個人的魅力，這些人也具備有面試的優勢，但如果自己不是具備這樣的條件，又如何準備與面對？所以要善用這短短的 8 秒鐘，建立自己的差異化特色的形象，讓委員留下深刻的印象，因而「預約」排名較前的席次，才有勝出的機會。

第一節　贏得好感三原則——面要笑、嘴要甜、腰要軟

8 秒鐘，不一定是精準的數字，但卻具有參考意義。見面之初的第一印象極為重要，開口第一句話，就可能成為成敗的關鍵。委員與考生原本互不相識，在初見面的短短 8 秒鐘，一開始就要建立良好、深刻的印象，這是非常重要的關鍵。在這短短 8 秒鐘，如何一開始就跨出成功的第一步？8 秒的信任與好感的建立，一定要把握**「面要笑」**、**「嘴要甜」**、**「腰要軟」**的三要原則。

「面要笑」指的是進場的微笑，會為自己與對方拉近距離，除了增加親切感，同時也會消除緊張的氣氛。俗語也說：「伸手不打笑臉人」，如果有和顏悅色的對待與回應，相信委員也不至於刻意刁難才是。

「嘴要甜」說的是待人接物的「應對進退」。「請、謝謝、對不起、不好意思」等禮貌性的用語，要習慣掛在嘴邊，遇到不會的問題可以表達；「委員您提的這個問題十分專業，您說的是不是這個意思……。」。如果是要請對方再重複一次，就說：「不好意思，剛剛您的那一個問題，是不是請您再說一次……」。或是覺得委員的提問不錯，也可以給予肯定。記得，

習慣是養成的，有禮貌的人去到哪裡，都是受歡迎的人。

「**腰要軟**」可從兩方面談起，可分有形與無形的「軟」。有形的「軟」是表現在進場時，禮貌性的鞠躬，拉起座椅，放好椅子的柔軟身段。無形的「軟」指的是當不會時，言語上應對的「軟」，也就是當對問題存有疑惑時，謙虛請教的「軟」，或是委員進行說教時，態度上保持請益的「軟」。曾經有考生面對委員一連串「不理性」的提問時，最後因為回答不出來，竟沉不住氣、惱羞成怒，被挑起情緒，除了場面尷尬外，也顯露出當事者情緒管控的問題，就更遑論贏得好感這件事了。

第二節　華麗開場──「名」明之中自有安排

日本的腦內科學家萩原一平，在所著《用大腦行為科學玩行銷》中提到，在行銷過程中，人的行動與意志力，有百分之九十五是透過潛意識來作決定。所以，製造「行銷記憶」，就顯得格外重要了，如果用名字讓人留下記憶的「標籤」，或利用讓人會心一笑的名字行銷，在潛移默化中，使委員產生心情愉悅的多巴胺，就會烙下深刻的記憶，也就更容易嶄露頭角。

8秒鐘能說幾個字？做什麼事？要如何表達？以一般人的語速，大約是每秒鐘3個字（視個人狀況），所以8秒鐘約要準備24個字自我介紹的開場白，一開口要讓對方產生興趣，且要經過特別精心的設計，讓自己站在有利的位置，才能比別人有更多的機會。

在一般人的自我介紹中，一開始的介紹詞往往是介紹自己姓什麼？住哪裡？在那裡上過班？或是曾經做過什麼？可能說完時，1分鐘的自我介紹時間也已經到了（自我介紹的時間，一般約為1-2分鐘），那麼如何讓人留下深刻的印象？是名字獨特？還是開場精彩？或者經歷豐富？要好好思考。

因為只有短短8秒，所以要精簡自我介紹的用字遣詞。用自己的名字做文章，或以名言佳句方式，以及自我解嘲的方式作為開場白，都可以讓人留

下深刻的印象。

名言佳句的方式，是運用鑲詞的設計，讓人印象深刻。以「昱婷」為例，「『昱』立亭『婷』，坦坦蕩蕩」，便可成為其座右銘。又如以常見的人名「東昇」為例，就可以用：「水到渠成，如日『東昇』」。還有「宇順」，也是常見的名字，「就以風調『宇順』，國泰民安」，作為對句。

在自我解嘲式方面，是通常會讓人會心一笑的介紹方式。有一個知名的廣告，是說一個當兵的年輕人名叫「阿榮」，收到媽媽寄給他的成藥——○○運功散，就打電話給媽媽說：「媽！我阿榮啊！（閩南語），你寄給我的○○運功散……」，至今仍讓人琅琅上口，全臺灣的人都知道有個「阿榮」的小夥子，當了 30 幾年的兵，至今仍未退伍。

我有一位朋友——「如意」，就喜歡用事事「如意」，萬事「如意」為開場白。但如果是所謂的「菜市場」名（命名排行榜前幾名、使用頻率較高的名字），志豪、雅婷……，就可以自我解嘲說，我是人見人愛的「雅婷」，或是我是「通人好」（臺語）的「志豪」，因為這些名字就像鄰家女孩或是男孩般親切。

最後，在書面資料，有一個原則一定要遵循，就是，有些名字是借用名言佳句，為**同音異字**，或**諧音異字**，用在書面語一定要用引號「」括弧起來，因為這些可能取「諧音」或不是正確用字，為避免誤導，加引號是必要的。

 High light!

- **關鍵的 8 秒鐘要做的事：**
1. 要贏得好感（必須出自於內心）的原則：**「面要笑」、「嘴要甜」、「腰要軟」**。
2. 要創造屬於自己的品牌特色：**要讓委員記住你的名字**。
3. 要不斷關照所有委員的眼神：**也就是與所有委員交談時，一定要有 eye contact**（眼神交會）。

第三節　善用「抖包袱」技巧，化被動為主動

　　面試的現場，有些資料是可以提早準備的，例如，簡歷（三摺頁）、自我介紹，以及個人的佐證資料等等；有些是看當天「運氣的」無從準備，只能靠「基本功」。例如，當天的委員的提問狀況、自己的臨場表現、你和委員之間的互動氛圍等等。

　　「提早準備」的部分，就消極面而言，一定要降低風險，減少各種不確定的因子；就積極面而言，要亮點布局，化被動為主動，導引委員的瞳孔，對你的表達，產生「關愛」的眼神，當你發現委員們追著你布局的內容提問時，那麼對於面試的結果也差不多胸有成竹了。這樣的情況，如同相聲裡的「抖包袱」，也就是先在個人資料中，為自己的優勢及特點，進行鋪陳劇情、製造懸念，讓委員產生興趣，等到委員開口追著你的論述要你說明的時候，面試過程就會變得很順暢。比較糟糕的情況是，你準備的資料乏善可陳、雜亂無章，看了就讓人覺得枯燥乏味，委員只好亂問一通，問一些專業的，甚至天馬行空的問題，讓你無法招架，因而節節敗退，容易無功而返、徒呼負負。

　　「抖包袱」是透過自己有條理的敘述，讓問題聚焦於自己的亮點與特點，讓面試「轉守為攻」，由你拿回「發球權」，所以當委員提問的時候，就更顯胸有成竹，甚至離開考場後，可能都會不小心得意起來，因為整場的面試，好像照著你的劇本在進行，會不會考上，自己心裡大概有了答案。以下是「抖包袱」的實例，僅供參考。

委員：請你先自我介紹。

考生：我是「一奇」，和大家「一起」努力「一起」學習的「一奇」。
　　　在剛任職時，大家不嫌棄我沒有經驗，夥伴邀請我，共同設計了一套「全國首創」的科技課程，榮獲特優……。

這裡的「全國首創」，就是所謂的「抖包袱」，因為是獨一無二的亮點，所以也比較容易創造話題，在面試場合，創造委員追問的機會，拿到自己的「話語權」，就易勝券在握。

第八章
自我介紹應該如何鋪陳？

進了面試考場，通常考官會給予考生自我介紹的時間，但是千篇一律的自我介紹，聽多了會令人厭煩，有些考官會利用自我介紹時間，翻閱考生的資料，進行提問的準備（個人的亮點、特點資料一定要準備好），或是透過資料對考生進行更深入的了解（所以再一次提醒，資料真的要好好準備）。

　　在大學推甄入學或是教師甄試，甚至職場的考試裡，因為經費的考量，會將委員的時間發揮到「極大化」，換言之，一天的面試當中，委員要面試的場次就會「排好」、「排滿」，在此情況下，給 1-2 分鐘讓考生自我介紹的機率較高。

　　自我介紹應如何規劃？有些考生通常會寫下重點，到時再臨場發揮。但是，這種方式不好控制時間，因為寫下重點是一回事，說出來又是另一種狀況，最後不是超出時間，不然就是草草了事，委員可能也不知道你到底說了些什麼？過「耳」即忘。

　　另外，有一些考生，準備了長篇大論的自我介紹，內容豐富、洋洋灑灑，每次練習都沒有在規定時間內說完，這種方式的準備不知意義在哪裡？（最後可能還是派不上用場），所以要把握一個原則：「**說多，不如說得巧、說得精準。**」另一種糟糕且常見的方式，就是完全沒有準備，端看臨場反應，除非你是個能言善道的演說高手，能即興發揮。這樣的風險是無法精準掌握時間，容易滔滔不絕、不知所云，甚至不知如何停止，最後令人嫌惡（這些委員不僅是來聽自我介紹而已，還要留一些時間讓他們提問）。要記得這是一場精密的表演，必需在每個環節上都經過縝密的彩排。

　　如果以 1 分半鐘（90 秒）來規劃自我介紹，以每秒鐘 3 個字來計算（前面章節所述），那就是 270 個字（這個數字，當然是概數，自己要根據自己說話的速度，進行調整，最好自己先練習過了，再確定字數）。270 個字的布局，可分為吸引人的「起」、個人歷練的「承」、創造績效的「轉」、夢想願景的「合」四個部分。

第一節　「起」——啟動奇特吸引子，展現個人特質

吸引人的「起」。依前面所述，可以用自己的名字做文章，讓自己的名字在委員的腦海中留下深刻的印象（前面章節已說明，在此不再贅述），再加上簡單的家世背景，做更緊密的結合，最好融入一些與眾不同的故事，也就是在你說完自我介紹後，讓委員因為你的精彩敘述來認識你。

有一位要大學推甄的同學向我說，我又沒精彩的故事可以呈現？我說，那我們聊一聊好了。我問：「你父親做什麼的？」他說：「汽車修理。」我說：「那他對你有沒有說過什麼話，讓你印象深刻？」他想了很久才說：「我記得父親說：『每顆小螺絲都很重要，要是其中一顆沒鎖好，可能會造成車輛意外。』」我說：「所以……，每個人就像社會上的小螺絲，都很重要。」這就是很好的素材。長輩的一段話，或是與同僚間曾經經歷了什麼事，讓你印象深刻，一直深深地影響著你，都可以成為自己的座右銘，或者成為自己的信仰，用這樣的哲學思想，去闡述個人的特質，會比直接說明來得更直接。另外，也可以用長輩、同事、同學對你的評價，引出自己的獨特之處，總是比自吹自擂會更有說服力。因此，**素材不在於轟轟烈烈，在於你有沒有用感情發現**。「起」，也可以放自己的奮鬥歷程，或是以自己的身世背景、父母期盼，引出個人的特質。所以，「起」就是以姓名介紹、身世背景、學歷背景、個人特質等這些素材來設計。

第二節　「承」——勇於歷練，展現個人價值

展現歷練的「承」。個人歷練的部分，就端看平常做的努力與下的功夫。「**只要曾經努力過生活，一定會留下屬於自己的光榮回憶**」你可能曾經

當過行政職務、或是社團負責人、幹部，那怕是組長、老師，都可以書寫下來細細思考，重要的是你從歷程中獲得什麼？這部分也是呈現出你是否有能力承擔任務，有很多年輕人一出社會就考上了正式教師，找到很好的工作，相談之下才發現，原來他們在念書的階段就已經做好準備，或者因為擔任學校的重要管理幹部，所以有了比別人更優質的高度與格局，或者自願到偏鄉參與「社會服務計畫」，展現出對於教育的熱愛，甚至參與各項的研究專案，表現出積極的企**圖**心。**這段個人經歷在表達的時候，不能只有洋洋灑灑表列出自己的經歷而已，而是要能引出自己經歷過這樣的職務、工作後，得到的人生體驗與成長，特別是對於日後的就學或是工作有怎樣的啟發與影響**。總之，在個人的歷練當中，只要服務眾人或是自己曾經努力過的歷程，都可以表現出來，但是一定要有因果關係，也就是做了什麼事，成就了自己什麼能力。

第三節　「轉」──創造佳績，呈現個人品牌

　　創造績效的「轉」。績效的部分是表現出個人專業的努力，以及個人獨特的能力。所謂的「轉」，則是要將「死」的績效（呆板的表列），靠描述的方式，使之轉化呈現個人努力、個人專業、個人熱情，而不是呈現了個人的績效，卻讓人覺得你只是趨炎附勢的功利主義者。績效的呈現，會讓委員在最短時間內看到你的能力。但一般人在敘述這個部分的時候，會以表列的方式敘述，這樣會顯得冗長而枯燥無味，而且這樣的資料在你的書面已經表列了，因此，要做出與眾不同的敘述，除了上述的因果（前因、後果）表達方式外，還可增加入「感恩」、「感謝」、「感動」的因素。**感恩，說的是謝謝一路走來幫助過的老師、前輩，這些提攜我們的貴人。感謝，指的是要謝謝和我們一起努力過的朋友、同仁、親友，謝謝他們一路上的合作與鼓勵。感動，要表達的是在這個過程中，引發了自己怎樣的生命感動。**這樣在

績效的呈現，才會顯得有感情、有生命力，也才會讓閱聽者更有興趣的聽下去。

第四節　「合」──編織夢想，體現個人信念

　　編織夢想的「合」。「人因夢想而偉大」，但也要逐夢踏實，在最後一段的總結當中，構築自己的夢想，結合對未來所想要進入的學校系所，或是組織機構的理念，要能相互契合，也就是對未來的憧憬和願諾（願望和承諾）。所以要了解報考系所或職場的願景、價值、任務，再與自己的想法與理念，做審視與融合，這是較妥當的方式，也理所當然，因為對於這個系所或是職場機關認同，就容易拉近彼此距離。記得我在報考博士班的時候，提早約 30 分鐘到了預備試場，那是一間研究生自習室，當時我閒來無事，環顧四周，往牆上一看，系所成立宗旨、目標、願景……。當時，我只是稍加審視，待我進入應試場地，一坐下來，委員第一個提問竟是，你為什麼來報考我們系所？我就把剛剛所看到的意象，融入我的想法表達出來，最後當然得到不錯的成績。**知己知彼，才能百戰百勝，攻無不克；撥動對方的心弦，才能絲絲入扣，引起共鳴**。要記得：「因瞭解而認同，因認同而彼此心靈契合，因心靈契合而價值與目標才趨一致。」

High light!

- 自我介紹如何表現？
1. 可以創造「個人特質」的出身背景。
2. 可以展現出「個人差異化」的經歷與學歷。
3. 可以塑造「個人品牌」的得獎紀錄與動人事蹟。
4. 可以展現對未來抱負的「個人信念與價值」。

Date _____/_____/_____

第九章
反守為攻的策略
——「抖包袱」

面試委員因為要在最短的時間內了解你，所以問題五花八門。有些人應付得宜，而有些人是被問得毫無招架之力。委員窮追猛打，有可能對你的資料有所質疑，也有可能是不知道要問什麼，所以就隨機抽問，或者只是要測試你的臨機反應，以打排球為比喻，委員的提問像「發球員」，考生只能有接球的份，至於要發球到哪一位置，發球的頻率為何？只能看考生的運氣。有些委員提問像連珠炮，有委員提問則不疾不徐，端賴面試委員的角色和習慣。接球的人要如何回應？這就是兼重技術與藝術的問題，有把握的題目回答就像「殺球」（攻擊），可為自己加分，沒有把握的題目，要知道如何「接球」（防守）？拿捏就在頃刻間。積極的作為是要製造話題，要善用反守為攻的策略，那就是在自我介紹中不經意的「抖包袱」。

　　所謂「抖包袱」，就是在自我介紹中，設計內容、反轉缺點、雕琢亮點、導引迷點，讓面試委員追著你的問題來問。在面試的場合裡，出現委員追著問題跑，有兩種狀況「一種是自己的敘述，出了狀況，讓面試委員起疑心。所以，會透過追問來加以澄清或是驗證，以球賽而言，你是守方；另一種是委員對你的自我介紹有著高度的興趣，這是因為你所表達的內容，撥動了委員的心弦，委員希望針對你提出的內容，補充說明，這時候是做球給你，瞬間你就變成了攻方」。「抖包袱」要用概略式的描述，放在自我介紹或是回答的問題之中，可以不用完整敘述，一方面是時間不夠，所以點到為止，另一方面是留下伏筆，讓有興趣的委員繼續追問。

第一節　反轉「缺點」的思維

　　那如何善用「抖包袱」反轉自己的缺點，反敗為勝呢？下面是我與一位準備參加教師甄試的老師的對話。

委員：你的背景是甚麼？
考生：「工程管理」。

委員：「工程管理」跟你未來的教育工作有何關聯？

考生：兩者共同的價值大概是「安全」吧！

委員：……。

這樣似乎就錯過了一個很好的回答契機。其實，工程管理與班級管理的共通價值，都是為了提升「產品」的品質。工程首重安全，不能有絲毫的差錯，所以要管理嚴格；而教育亦然，是不能回頭重新來過的，所以更要重視教育的品質。「工程」與「教育」看似不相關的兩件事，如果能融會貫通，反而成為個人的特點。因此，有時候因為自己的獨特的背景，反而能反轉局勢，創造成功的契機。所以，應該將上述的內容，反轉缺點，才能創造話題。

第二節　雕琢「亮點」的設計

至於「亮點」的部分，強調的是我做了哪些別人不易達到的成就。舉個現場回答的例子來說。

「我們當時獨創了一個 ATM 教學模式，獲得委員的青睞，榮獲了教育部○○教案設計的特優獎。」

這就留下了，所謂「獨創」、「ATM 教學模式」的伏筆，等著委員發問。所以，當委員追問「獨創了一個 ATM 教學模式是什麼？」的時候，考生就可從守方變成攻方，也就可以侃侃而談自己努力的歷程。但是，要適可而止，勿貪功而長篇大論，在現場還是要察言觀色，了解委員們對這個問題的興趣到哪邊？適時踩剎車，千萬不要話匣子一開，就一發不可收拾，所以還是得提醒，對於有把握的題目，戒之在「貪」。

第三節 引導「迷點」的鋪陳

　　曾經有個考生，做過這樣的布局。他在面試裡提到：「在團隊努力下，我們曾經協助一位肢體殘障的學生，在一路上跌跌撞撞的過程裡，完成了騎自行車 28 公里的青少年禮的壯舉。」接下來是他與委員的對話。

> 委員：一位肢體殘障的學生，如何完成這趟壯遊？
> 考生：這位學生，一開始不會騎自行車，他卻堅持一路跌跌撞撞的練習，我們從一開始擔心，甚至勸他放棄，最後反而被他堅持的精神所感動。最後，在他鍥而不捨的努力下，竟然完成 28 公里的自行車壯舉，當他抵達終點的那一刻，所有的小朋友都歡呼了起來……。

　　這個故事需要多一點的時間描述，無法在短短自我介紹的時間內充分表達，所以需要用「謎點」方式作為布局，以利後續的內容延伸。

　　「抖包袱」的布局，必須堅守「誠」與「信」，而非只是巧言令色、譁眾取寵而已，唯有堅持誠實的原則，真實表達自己，不作自己無法達到的承諾，才能受到委員認同與讚賞。

 High light

- 你有什麼「包袱」可以抖？
1. **特殊的背景**：你要面試的是需要文科的學歷，你卻有理科的背景，也就是「斜槓人生裡」的多元展能的呈現。
2. **特別歷練**：舉凡參加過社福團體、參加過各項的活動、比賽的特殊經驗。
3. **獨一無二經歷**：擁有第一次成功的喜悅、自認不可能的任務、全國首創……。

第十章
令人印象深刻
的說話藝術

說話的方式與樣態，會影響他人對自己的評價，在每一個人的生活中，不乏可以惕勵自己的故事，但是往往因為自己缺乏觀察及省思的能力、表達的藝術，在面試時又缺乏有溫度的描述，效果大打折扣，實為可惜。說話如能運用技巧與訓練，展現自我，為自己加分，留下令人印象深刻的關鍵，就要靠努力不懈了。

第一節　從成長的歷程中，彰顯自己獨特的理念

在面試時的自我介紹，都會介紹自己的出生地、家庭、居住環境、學歷背景，而這些個人背景環境的陳述，是否都會讓人留下深刻的印象？描述的每一事件與背景，必須凸顯自己的個性與態度，而不是列舉了一堆沒有意義的資訊，讓人厭煩，就像網路上的資訊成千上萬，而你能擷取的訊息，又有多少呢？所以，在自己的家庭與教育背景取材中，應該塑造自己獨特形象。

例如，有考生在自我介紹時，說：「我的父親是一位裁縫師，他的認真影響著我。」這樣的描述較不生動，述說時也無法教人留下深刻的印象。如果，修正成：「**我的裁縫師爸爸，從小告訴我，『做人要像做衣服一樣，要有裡外一致的品質。』**」關鍵是在每一件事上，去體會人生的哲學，才會令人感動，留下深刻的印象。

無論是父母或是師長以及親友，在你人生的起起落落之間，可能一句話會改變你一輩子的想法，得要好好回憶一下，哪些話曾經帶給你具震撼力的影響？甚至改變後來處事的原則。在我成長的歷程裡，則是曾經經歷了一段難以忘記的回憶，所以我在自我介紹裡曾做這樣的描述：「**我念小學的時候，有一天上學時，因為天雨路滑，跌到水圳裡，就在快滅頂的時候，有人把我從鬼門關救了回來，所以我心存感激，也比別人更了解『人溺己溺』的道理。**」人是要透過不斷的反思，不斷的回饋，才能成就更美的人生，好好思考，你人生的路上，是受到怎樣的一句話或是一件事的影響，勇敢去闡述自己的獨特理念。

第二節 從別人的口中，客觀驗證自己的價值

接下來如何清晰且深刻的描述自己的人格特質？我們常聽見的表達方式如下：「我是一個具有熱忱、認真負責、個性活潑開朗的人」（那只是你說的，我如何去相信？）這樣的描述少了「舉證式」的說明，有點自我感覺良好的誤會。**「要讓人相信，一定要有所徵信」**舉例來說，長輩或同學、同事一定曾經對你讚美或是描述，讓你印象深刻，而你也頗為認同。我曾經聽過這樣的自我介紹，**「我的長輩說我像一頭臺灣水牛，肯做、耐操又不怕苦」**，這位考生身高約 180 公分，體重超過 100 公斤，從小家裡種田，長得十分憨厚、黝黑，他這樣的描述，果然引起面試委員的一陣笑意，於是這位具有「臺灣水牛」精神的考生，起碼在被討論時，應該有著讓人鮮明的印象。

有一次，我問一位考生：「你說一說你有什麼缺點？」他說：**「我的老師曾經說：『我做事情太執著、太鑽研，很多事情一定要花很多時間準備，還經過反覆練習才放心。』」**表面上看似是缺點，可是透過老師對他的評價，反而成為有力的關鍵點。

人格特質往往是對人判斷好惡的重要指標之一，雖然在面試的短短時間內，未必對每個人能有全盤的了解，但是在很多考生與委員的交流言詞當中，對於事件或是與人對應的描述，很容易洞悉考生的特質，所以如何忠實呈現自己，進行有效的表達就顯得非常重要。

從合作中，讓人感受到你認真的態度

記得有一次訓練一位參與甄試的考生，我問他：「你的資經歷都不錯，說一說你如何得到這麼多的獎項的？」

考生說：「我剛到學校的時候，我告訴校長，音樂教育真的很重要，我具有音樂專長，我想幫學校發展直笛教學，我可以成立直笛團。」「校長答應了嗎？」我問。考生說：「校長就去籌了一筆經費，購買一批樂器。」「然後呢？」我問。「經過我的專業訓練，不久，就在全縣拿到很好的成績了。」考生回答。我說：「那很好啊！可是你為什麼第二年就離開了？」考生回答：「因為都只有我一個在帶團，所以覺得很辛苦，剛好又有同學找我去另一個學校幫忙，就離開了。」

一個新人到一個新環境，一定要眼觀四面，耳聽八方，並且客觀評估，要做什麼事？能投入多少時間？一定要想好再做。以上的對話裡，可以看見此人的個性與做事的態度。首先，一個團隊的訓練與成績一定是透過團隊的合作。在對話裡，卻不曾聽出這位考生對於周遭人的感謝之意，只在於他一心一意想要成就個人的績效，而不是成就他人舞臺。所以「呼之則來，揮之則去」，這樣的人格特徵，在一個團隊裡，他辛苦，大家也辛苦。

再者，是個人責任感與教育愛的問題，學校好不容易幫忙籌措到經費了，也以為你是個可信賴之人了，你卻揮揮衣袖，說走就走，而那些正在起步的孩子，才學到一半，現在怎麼辦？而那些為了你的建議，才決定購買的樂器，現在「情歸何處」？雖然上述是失敗的例子，卻讓人發人深省，也請記得「**態度決定高度，眼界決定你的世界**」。

最後，你回答的每一字、每一句，委員都會在心裡打了分數，在對應之中在言談裡，在你的所作所為裡，已經為你註記。在人生的路途上，心存善念、心向陽光，多一分關懷與感恩，牽起每一雙需要幫忙的手，老天爺也會善待自己的。

肆

決勝篇──
如何運用8S？

第十一章
微笑的自信
——Smile confidently

微笑是身體語言的一環，俗話說：「微笑是世界各國共通的語言」，微笑也代表著和善、溫暖、自信、從容的意象。當一個人迎面走來，保有親切、善意的笑容，那是如沐春風、如浴冬陽。迷人的微笑，甚至比美麗的外表來得吸引人。面試第一印象往往取決於微笑的互動，讓人留下深刻而美好的註記。

　　然而，在面對高度緊張的面試，要談笑自若、談笑風生，談何容易。笑不出來，探究其最大原因有：

一、是太在乎得失，深怕失去。

二、是自己的心虛，自認還沒有準備好。

三、是眼神不知所措，不敢面對面的 eyes contact（眼神交會）。

四、是看到面試場地的嚴肅氛圍，自己退縮了。

五、是看到大家信心滿滿，更自慚形穢。

　　所以，要有自然、自信的微笑，應要武裝自己，才能如《三國志》裡的空城計，羽扇綸巾，處變不驚。

第一節　微笑能拉近彼此的距離

・微笑表達堅定的信心

　　能保持微笑，從容應試，對某些人而言，是不容易跨越的障礙。好不容易有機會進到面試這關，想當然爾要全力以赴，因為機會稍縱即逝，但這也會造成神情緊張、肌肉緊繃，要如何才能克服心理障礙？我們一般人的想法，都會想著失敗後的利弊得失，因為在心理上已經存有負向陰影，所以害怕、緊張、沒信心，所以可以試著想：「**不要想著如何失敗，要想著如何才會成功？**」在心態上要堅定、專心，也就是要告訴自己，我們要有「**我沒考上，是這單位的損失**」的堅強信念，放鬆心情，用微笑表達自己的信心。

• 微笑能化解緊張氛圍

　　當面試者一進到考場，聽到工作人員的叫號與說明，就開始緊張，此時不妨與現場的服務人員，微笑且輕聲的問候或是閒話家常，一方面卸下自己緊張的心情。另外，也許可以順道探聽一下場內的狀況，而當你進到考場後，也要記得面帶微笑地問候一下辛苦的考試委員，相信在良好氣氛下的對答，必定是輕鬆愉快。

第二節　微笑能安頓自己的心靈

• 如何才能心平氣和？——要有強大的「親友團」作為助力

　　面試的先前準備，是要讓自己無後顧之憂，才能全力以赴。例如，個人資料的準備、自我介紹、教材教具的設計，一定要提早準備，最好三五好友互相支援，以團隊的方式運作，相互支援，讓自己不會擔心害怕，尤其在考前，不要心有千千結，為了一些瑣事再傷神，不要想著當日有哪些資料有遺缺的，若考試前幾天還想著，一定心神不寧。分工合作，會讓自己專心於面試的工作，心無旁鶩，自然就容易從容應對。平常的資料累積與彙整相當重要，但是如果非得臨時抱佛腳，一定不要單打獨鬥，多請人幫忙，多請益他人，做好這些準備，一定會讓自己心安，才會笑得出來。

• 要安頓微笑的心情——把目光置於眉宇之間

　　坐在委員的面前時，一定要看著對方的眼睛，表達善意與誠意。在面試時，往往因為眼睛不知要放哪裡，易讓眼神飄忽不定，游移不決，也容易被人看穿你不安的心情。但是對於不善交際的人，這個舉動，會顯得害羞與恐懼，要打破這樣的思維，一定要強迫自己，練習看著對方的眉宇之間或是額頭（這樣比較不會惶恐），就不會顯得不知所措了。

• 微笑是需要練習的——微笑也是一種基本禮儀

　　當工作上沒有特殊需求，你不會習慣微笑；當你不是天生樂觀者，你不會習慣微笑。 要知道，只有少數人有對人微笑的習慣，一般人會微笑是有可

能因為心情愉悅，藏不住內心的快樂，或是天性就喜歡笑，大部分的人是不會「主動微笑」，所以服務業在專業訓練的時候，一定將微笑列入基本訓練的課程，所以微笑是要經過練習的。服務業的訓練有一種技巧可供參考，就是平咬一根筷子，露出 8 顆牙齒，這是對於臉部訓練肌肉的有效方式，建議可以嘗試看看，另外，每天對著鏡子練習，養成習慣，才能形成人見人愛的儀態。

第三節　微笑是一種習慣，而習慣是要養成的

　　「微笑是一種習慣，而習慣是要養成的。」如果您天生不善微笑，生性拘謹內向，在職場上容易吃虧，因為微笑代表的是一種迷人的魅力，每個人長相不同，生活條件也不同，但是只要透過微笑，都可為自己加分不少。例如，一進到門口，微笑打聲招呼：「委員好！我是 ○○，請多多指教！」當委員看到你微笑的臉孔，如果能回予相同的微笑；相對的，你也應該比較不緊張了。另外，利用感謝長官、同仁的描述，也是發揮微笑的適當時機。例如：「我要謝謝我的長官（老師）給我這個機會，讓我有機會參與，才能有機會學習與成長。」或者，提到了「對於這件事的成功我很高興，更要感謝我的夥伴，一路支持我」甚至，當你被問到回答不出來的題目時，也可保持笑容，才能讓自己看起來優雅、從容不迫。

　　我記得有一位音樂老師分享，當年參與面試的經驗，考聽音項目，委員要他說出來是什麼和弦？當時他腦筋一片空白，突然靈機一動笑著說：「這是一團音」，當場引起笑聲一片（在此之前，他可都應答如流），最後，他因為這樣幽默的回答，而營造了現場溫馨的氣氛。**有時，面試不一定在於你回答的內容而分出勝負，而是在你回答的氣氛和勇氣而決定高下。**

　　要不要微笑，這當然得自己斟酌，有些題目要看內容適時的調整，例如：詢問「在生涯中，最遺憾的一件事？」那就得收起微笑的表情，反而要表達的是「愛」的關懷。

至於進場的儀態，在練習時當然是擡頭挺胸，勿過急躁、從容應對，請人協助觀察，並適時調整，這裡建議用手機或攝影機拍攝後，慢慢觀察，必有收穫，再經多次練習，必找到屬於自己的最佳儀態。

 High light

- 在考前對於微笑的練習與準備：
1. 每天早晨刷牙洗臉時，練習對鏡子中的你微笑。
2. 見到任何人，先用微笑打招呼，讓微笑變習慣，讓習慣變自然。
3. 每天做一件讓自己高興的事，增加自己的「多巴胺」，讓心情愉悅。

Date _____/_____/_____

第十二章
順暢的表達
——Smoothly expressions

語言的順暢性是在面試的語言表達中，讓人評估是否有邏輯的重要依據。從語言表達中，也可以看出你對問題的掌握與經驗的成熟度。

語言表達，如果吞吞吐吐，或是毫無章法，甚至不知所云，就容易在面試上失分。天賦異稟的演講者甚稀，大部分人還是可以透過練習而表達清楚、口條清晰。例如：世界知名的已逝英國首相邱吉爾，從小口吃，他卻透過不斷的努力與練習，成為一位傑出的政治家。

要讓思維順暢，表達流暢，還是要透過系統邏輯與架構，與強記一些必要的關鍵詞彙，相互配合，演練至爐火純青的樣態，說起話來就會順暢輕鬆了。

常聽一些前輩們的建議，你千萬不要過度練習，否則問了你沒準備過的問題，就會造成結巴語塞。個人的意見是：**「充分練習是必要手段，但是要有系統的堆疊，而邏輯是架構這些資料的框架，也是置放這些資料的格子。」**當問到相關的問題時，如果練習得宜，就容易存取與靈活運用。

這樣的運作像是用人工智慧（AI）的機器人，在偌大的倉儲裡提取、擺放相關的物件與資料，而資料存取的快慢與順暢，取決你的訓練強度。就像在早年的臺灣，以仿冒外國的各種產品而起家，所以號稱是仿冒王國，後來漸漸磨練出技術，開始進行 ODM（Original Design Manufacturer），幫世界各國進行產品設計代工，成為世界工廠，如今臺灣已經有許多世界級的創新品牌，也是從模仿的途徑，練就一身的功夫。所以，在說話的技術尚未成熟前，**「先學會做別人的影子，再學會做自己」**，先從拾別人的「牙慧」中汲取他人的經驗，再慢慢累積成為自己成功的基石。以下有幾種讓語言表達的方式，可供練習時的參考。

第一節 讓表達順暢的準備方式

• 縝思核心問題——抓住可能問的 10 個核心題目當基礎

面試最大的心理障礙，就是不知委員如何提問，而心生畏懼，特別是怕

委員問的問題，可能是沒有準備的。但是題目的準備，如同大海撈針，往往因為無法掌握可能提問的題目，以致準備過程中產生茫然與恐懼，所以在準備面試考題的過程中，先不要貪多，以 10 題為基本的目標，聚沙成塔，慢慢再以這 10 題為核心，不斷擴充，上了考場，遇到提問，經過重新的排列組合，想辦法融會貫通，就「雖不中，亦不遠矣」。

• 掌握黃金時間 —— 一分一秒都絲毫不能浪費

回答問題的時間，要多少才是「剛剛好」？其實沒有一定的答案，但是可以確定一點，回答問題若太過冗長，會讓聆聽的人失掉耐心。另一方面，當一個人滔滔不絕的時候，往往會讓人缺乏好感，甚至可能會有此人「太過自我」的懷疑，就全部都聽你說好了。另一個問題是，委員如果想要多問一點題目，恐因時間不夠，無法繼續提問，也無法對你有更深刻的了解。**一般回答問題所預估時間約為 60-90 秒，這樣有個好處，平常練習時，因為時間有限，就更容易講重點，不會天馬行空般的長篇大論，一發不可收拾。另一方面，也因為時間控制得宜，可以讓委員多問一些問題。**有些人對於委員問太多問題，感覺是委員在刁難，其實有可能正在觀察、打量你。在回答的過程當中，對委員多察言觀色、視當時的情境進行調整，面對追問未必失分。

• 彙整問題大綱 —— 用條列方式，書寫於空白名片上。

前面所提，每一個問題以 60-90 秒為參考回答的時間值（可視實際問題的深淺進行調整），如此短的時間內，如何規劃與規範？又如何進行練習？個人建議可以用空白名片來練習。在卡片的一面書寫題目，另一面書寫答案大綱（以條列的方式表列）。**用卡片練習的好處有幾點：第一，這樣的重點，易於記憶；第二，所擬答案因為空間的關係，會更加精簡，不至於長篇大論；第三，易於方便攜帶與背誦，無論是在任何場所，置於口袋，隨時複習。**

• 強化練習頻率 —— 經過反覆的練習與試煉，你也會成為專家

「沒有人天生就是專家。要成為專家，都是必須經過反覆的練習與試煉而成的。」那如何進行有效地練習呢？有些人都會以為年紀漸長，不容易記

那麼多東西會影響表現。這個答案，也對，也不對。對的地方是，根據專家的研究，人的頭腦猶如電腦的記憶體，記憶體因為空間堆積的關係，所以會逐漸塞滿。不對的地方是，人年輕的時候記憶容易，但理解不易，年紀稍長時理解容易，記憶不易，所以未必年紀稍長就吃虧，但是要懂得如何截長補短。個人的經驗是利用錄音筆，將重要的關鍵話語錄音，反覆聆聽與練習。最主要的目的是將腦部的能力激化與活化，而非死記答案。沒有經過準備、訓練的面試，無法表達得有深度，透過預設的題目、試擬的答案，經過反覆的練習與修正，相信會有最好的演出。

第二節　尋找在語塞時，讓自己「生還」的「浮木」

此外，在面對面試的高度壓力下，有時腦筋一片空白。如何在面對如溺水般的無助困境，尋找可以「生還」的「浮木」，讓自己不致詞窮而「當機」。以下是如果遇到沒有準備，或是一時不知如何開口的題目，可以讓表達順暢的方法。

• 簡歷上自己的學經歷，要能適度的轉化

自己簡歷上的學經歷，特別是與報考的對象單位具有密切關係的、沒有密切關係的，都要釐清，並有一套說詞。有關係的學經歷當然比較好表現，沒關係的，要學會「轉化」，因為人生的歷練上，每個階段與歷練都有不同的思維與成長，想學習的專業，有可能一念之間，做成不同的決定，導致不同的結果。以斜槓人生（多元的展能）而言，不同工作的歷練，是成就跨領域的競爭力的基石。因此，每個階段的歷練，都將成為你滋養長大的沃土，所以，從學經歷當中，準備一、二個小故事，遇到與自己經驗相符或類似的提問，就隨機應對。

• 對報考的工作、學校或是系所的了解程度，一定要做足功課

對人或對單位的了解，在進門之前一定要做足功課，與其**說是心機沉**

重，倒不如說是一種尊重，因為做了功課，才能爭取認同，有了認同才有好感。在現場常常會遇到的問題是，已經進了門，卻對要考的單位或是學校，一問三不知，所以以委員的角度來說，你心不在此，或是你不夠用功？那又如何教我把這機會給你呢？反之，因為你做足了功課，有了話題，自然而然就會更加順暢，因為這些情境、問題是你已經早就想過的。例如，有一位要報考某藝術學校的學生，來跟我請教，要準備什麼題目？我說，你從該校的校門口一直進到學院內，一路都是面試的題材，包含校園是誰設計的？設計理念為何？是怎樣的設計風格？為什麼要這樣設計？我請他好好思考，果然在那一次面試當中，委員就問了這樣的問題。

· 思考個人專長與興趣的結合

個人的專長或是興趣，代表一個人對於工作的執著，與願意投入的程度，假使你的專長或是興趣，剛好是這個學校所缺乏的，或是你的專長剛好是學校正好要發展的，那就「各取所需」了。然而「專長」與「興趣」的差異在哪裡呢？「專長」是你專業的優勢，可以成為即戰力的優勢；「興趣」則是不一定專業，但是肯定是因為覺得「好玩」、「有趣」而願意付出時間去鑽研。站在「動機」的角度而言，這樣主動、積極是願意承擔更多的人，所以適時表達出自己的專長與興趣，會為自己的面試創造優勢。

· 以工作或求學的經驗，彰顯工作態度

曾經有一位工作夥伴，代課經歷以「六年級導師」居多，委員很好奇問：「為什麼你總是帶六年級的班級，你不會覺得六年級處青春期階段，不好溝通，壓力比較大嗎？」他說：「我喜歡帶高年級的學生，而學校也比較放心讓我帶。我覺得帶班要先帶心，再加上我喜歡傾聽，讓他們願意接受我，所以自然而然就容易上手了，也就沒有溝通及壓力大的問題。」所以從經歷的分享，已經表現這個人的適任性。另一方面，也看得出這位老師的配合程度，與班級經營功力，自然而然，學校就會對這位老師產生信任並委予重任。從談話的過程裡，你對經營的想法，就彰顯了自己態度。

另一個考生被問，你覺得你跟學校互動好不好？他回答：「學校對我很好啊！有一次我和家長『意見不合』，學校輔導室告訴我，你不要『煩

惱』，也不用『出面』，學校會幫你解決的！」所代表的意義可能是：「這位老師親師關係不佳，常有衝突，學校怕他又弄巧成拙，索性請他不要出面。」這樣的人格特質，及處事態度，就較令人擔心。

學校單位或是企業，要徵的人，往往是能融入單位，並協助解決問題，而非成為學校或單位的負擔，一位能勝任工作的人，應是主動解決問題的人，所以，要清楚自己能為系所或報考單位，提供怎樣的問題解決方案與貢獻，才能展現個人的價值。

第三節　回答題目時的「三不一沒有」

• 不用迎合委員的口味

有些人會問，什麼是委員要的答案？而去迎合或是去猜答案，這樣的方式未必能討好，甚至「畫虎不成反類犬」，比較務實且保險的做法是，就照著自己的經驗或認知來答題，這樣可以避免慌亂，甚至猜錯題目。

個人曾經在面試的場合，「巧遇」有一面之緣的委員（我參加了一場研習，這位委員恰巧是當時的講師），在回答問題的時候，我提到了一個論點，是這位委員獨創的，並用這個論點來闡述教育的理念（我要先聲明，這不是刻意迎合的，因為拍錯馬屁，可是很危險的）。當他聽到這個關鍵論點的時候，突然開口問：「你解釋一下這論點的意義？」我就按照我個人的理解詮釋一次，但是他終究是原創人，理所當然的不滿意，他說：「不對！不對！你這個論述是錯誤的！」我當時一聽，心想：「完了！」。有趣的是，這位委員反而把它原創的論點，幫我重新解釋一番，在現場的我，反而成為了一位小粉絲，頻頻點頭，最後成績倒也還不錯。

如果遇到委員的強烈質疑，甚至搶著替你回答問題，不用太緊張，不是因為你說錯了，或是說不好，反而有可能他對你的認真有所肯定，想要幫你多解釋一下，或許覺得你是可造之才，幫你打圓場，讓你有臺階下，甚至扶你一把，這時，反而只要當個稱職的觀眾就好。

所以，有沒有命中問題核心，這時並非重點，反而是當時表達的態度與

求學問的認真，能讓委員肯定，甚至是在委員的回饋的過程中，與委員有了心靈交會，才是創造成功面試的契機。當有了理念上交流，「共識」就變得容易了。**「有了『共識』就有機會『共事』」**。個人的表達風格與邏輯上的融會貫通，才是會讓你受人肯定的重要因素，所以不用猜委員的答案，重要的是你是不是投委員的「緣」。

• 不要一字不漏的死背答案

　　題目要精熟，多加練習是必要的，要花一點時間背誦，但是死背後，要活用你的資料庫，要能完全猜對題目，原則上機率並不高，但基本上問的題目大同小異，你得懂得找練習過的相似題目來「靈活運用」。

　　一字不漏背答案，在回答的時候，容易造成斷斷續續的現象，也就失掉語言的順暢性，而順暢性是語言表達時，最重要的關鍵之一。回答問題時，應該根據題目的意向，作適度的調整。

　　另一個可能會遇到的問題，就是過於緊張，造成一時詞窮，將所背的東西忘得一乾二淨，形成「當機」，最後甚至連可以守住的基本盤都不見了（連原本背的都忘光光）。我的建議是就忘了那些規範，好好的當成一場高層次的心靈交會吧！**說你記得的，講你有把握的**，哪有回答不出來的問題？

• 不會回答的問題不要害怕

　　難回答的問題，別人一樣回答不出來。所以不用害怕，沒有人是十全十美，也沒有「無懈可擊」這件事。**考官故意出難題給你，其目的不是要聽你把答案說出來，而是要看你對於面對問題時，臨機應變與危機處理。**

　　在美國好萊塢電影「MIB 星際戰警」這部電影中，男主角威爾史密斯在面臨星際情報員的「入學考試」時，每個人都坐在極度不舒服的蛋型椅子內扭捏作答，只有他一個人覺得不要委屈自己，擅作主張，將附近的桌子拖過來用，引起所有人的側目。電影中，當時的測驗的就是考生的臨場反應，而非以紙筆測驗論英雄，有時委員刻意出難題，不是真的要考生給一個標準答案，是要看每個人的臨場反應，發現個人的危機處理能力，了解考生的特質，只要根據自己所知，甚至聽到別人的經驗，都可當成回答時的素材。萬

一遇到完全不會回答的，甚至腦筋一片空白，只好誠實的跟委員說：「我真的沒有準備到這個題目。」或是試著回答看看，千萬不要害怕，一旦畏懼而沒信心，就有可能兵敗如山倒，爾後的表現，恐怕會整個潰散。

• 沒有標準答案

常常聽到考生問，這一題的標準答案是什麼？或是怎麼回答才是對的？其實，提問沒有所謂的標準答案，即使你回答了你認為的標準答案，也未必就能加分。有時，反而會讓人家誤以為你是在背答案。語言的表達大致分為口頭語以及書面語，以及肢體語言，將書面語的答案不假思索的用口語表達，反而失掉口頭語的交談「溫度」，所以有時遇到有準備過的答案，要稍加停頓思考一下，讓人覺得這個問題是經過消化思考過的。

委員有時為了預防考生死背題目，題目會五花八門，讓你措手不及。但是同樣的，遇到難以回答的問題，最好從記憶中，快速的搜尋可能的場景去尋找適合的答案，或是從曾經練習過的相關題目找答案，也許不一定回答得十分完美，但是起碼確保不失分。

曾經遇到委員問我這樣的問題：「你如何在學校工作與家庭上兼顧呢？」如果你說要以工作為重，委員會追問那家庭怎麼辦？如果說家庭為重，委員可能會認為這樣的工作機會，還是留給最合適的人！

當時的我只想到一個畫面，就把曾經遇到的景象說出來。我這樣說：「這個問題我也曾經思考很久，但是有一天我開車在回家的途中，遇到紅綠燈，當車子一停，我猛然看見前面一輛計程車，後擋風玻璃上寫著：『任何的成功，都不能彌補家庭的失敗』我想，這就是我要的答案！我會掌握好家庭與工作的平衡，做好工作管理、時間管理、情緒管理，然後……。」此時，我看到委員頻頻點頭。所以，有些題目無從準備，也沒有標準答案，找個你曾經遇過的經驗或是畫面，與委員分享，也許有意想不到的收穫。

High light

- **面試常被問的 10 個題目（試擬）：**
1. 為什麼要來報考本校、本系？說一說對於本校、本系的了解。
2. 自己特殊的學歷與經歷，如何能與系所或是學校做結合？
3. 你對於這個工作的信念或是理念是什麼？對於來到本系所想學的是什麼？
4. 自我介紹中，自己獨特亮點與特色是什麼？並且能為系所或是學校貢獻些什麼？
5. 未來如何深化自己的終身學習？
6. 請你說一下得獎的努力歷程？這些成就如何完成？
7. 從事學習過程中最難忘、快樂、遺憾、難過的一件事？
8. 請說說你最近讀過的一本書，對工作上的啟發是什麼？
9. 你覺得今天的表現如何？你為自己打幾分？
10. 你最近看了什麼書，有什麼啟發？

Date _____/_____/_____

第十三章
實質的回答
── Substantial response

回答問題最重要的關鍵就是問什麼，答什麼，切勿「拐彎抹角」，就是要開門見山「直接」對話，不需要太多的贅述，是為上策。委員們坐在椅子上一整天，沒有太多耐心聽你在「前言」有太多的冗長敘述，至於，是否要有所謂解題前的「鋪陳」，要看題目的屬性及狀況，適度的「引言」是有其必要，但切記要趕快導回「正軌」，切回「主題」，也就是要實質回答問題。

　　一般常見犯的錯誤，是在回答時，對應不到問題的核心，委員問的是你「為什麼」要選擇這個工作？而你回答時，卻是表達這個工作的「重要性」，完全是風馬牛不相干。這樣弄錯重點的表達，會讓人產生反感，覺得你在「狀況外」，在職場上對於政策執行或是工作上的溝通有障礙，在解讀上會造成誤解，容易形成災難性的結果。

　　另一個錯誤是說了半天，解釋了一堆，卻陷入回不到主題的困境，若讓委員一再提醒：「講重點！」那就尷尬了。例如，問你對這個工作或是你想就讀的學校做多少「準備」？回答時卻是你對這個工作的「興趣」，那就南轅北轍了。

　　學會聽話，是答題時，是否實質的命中核心重要關鍵。考生在現場最常見的問題，就是委員問的題目沒聽清楚，或是答非所問，就會失之毫釐，差之千里。回答問題時，務必要切中要義、精準的串連、回歸到問題核心與重點。

第一節　為什麼要實質的回答問題？

　　實質的回答看似容易，實難做到。「**實質的回答問題是讓委員快速『存取』考生訊息的重要原則。**」那為什麼要實質回答問題？

　　一、是囉嗦令人厭煩；

　　二、是表示「聽話」的解讀能力；

　　三、是反應個人的邏輯思考是否清晰。

　　在高度競爭與緊張的考試氛圍下，考生常出現文不對題的答題窘況。例

如，問：「你對於新的教育政策『看法』為何？」結果回答卻是「做法」。「看法」是從統整、綜合、分析現今的優劣勢，要提出自己的論述與獨特見解；「做法」是如何著手？怎樣做？遇到怎樣的困難？如何解決？回答的策略方向大不相同，就會陷入牛頭不對馬嘴的窘境。但如果委員願意善意提醒你，記得趕快說聲謝謝，馬上調整，回頭是岸。起碼，這一題不要失分過多（最糟的狀況是對於委員提醒置之不理，還硬要說完。）直接回答問題，即使內容不豐富，但至少站在不失分的基礎上。有些人能言善道、言不及義，卻自我感覺良好，認為表現不錯，往往不知深陷「離題」的風險之中。最後，當考試結果出爐時，難免有落差很大的「悵然」。

第二節　如何實質的回答問題？

• 找出關鍵字彙，作正確的解讀

　　委員提出問題時，要先聽清楚是「看法」、「做法」、「關鍵」、「原則」、「困境」、「策略」等等，回答時都會因問題所強調的重點，而有差異。

　　例如，你認為這個比賽成功的「關鍵」是什麼？就直接列舉「論點」：一、掌握比賽的規範；二、團隊合作；三、持續不懈的努力，再分別進行「論述」。有些考生回答時，說了一大堆努力的過程，卻歸納不出「關鍵」，就是沒有切中要義，是會被扣分的。

　　另外，請問你處理緊急事件的「原則」是什麼？回答時可說，我的處理原則是：「安全第一，救人為先」。但有些人在回答時，有可能說成是「順序」。例如，先找人來協助就醫，再請各處協調就醫事宜，接著聯絡家長……。但回想一下，「原則」是什麼？就是一個作為依據的基本準則，但上述卻沒有掌握到，這樣的回答，就不是很精確。

　　對於這些關鍵字，必須精熟、理解，並且釐清，才不至於造成答非所問的錯誤，以下是這些常被提及的詞語，所代表的意義，僅供參考。

詞語	意義
看法	對人、事、物所持的觀點，要有所本、有所依據。
做法	處理事情的方式，著重於如何「做」。
關鍵	事情最重要的部分，就是 key point，決定事情轉折或成敗的要素。
原則	作為依據的基本準則，是事情發展不悖離的依循標準。
困境	艱難困苦的處境，也就是所遇到的困難。
策略	針對做事謀略、計劃，必須考量本身的優劣勢，以利其後的執行。
方法	為達到某種目的所用的方式和步驟，有其順序和依循。

• 不容易回答的問題，可以再試著複誦問題，以爭取時間

　　這個動作是為爭取自己思考的時間，因為不是每個題目的回答，都能了然於胸，所以，透過時間爭取，多加思考，也是很好的策略。其次，自己在複誦的過程中，如有解讀偏差或是不符合委員的本意，也許還有機會適時向委員指教，這時才不至於回答時發生離題解讀。複誦時，應有技巧性的提問，例如，「委員您剛剛提到的問題……，是這個意思嗎？」

• 聽不懂的問題，懇請委員再說一次

　　委員們大多是「聰明過人」的專家，在陳述問題時，難免有跳躍性的邏輯思考（這可能是很多人在面試時的痛），有時真不容易聽得懂他們在問些什麼？但卻又不敢質疑，如果，真的聽不懂，還是得硬著頭皮，虛心請教委員再說一次，最忌諱自己亂解讀委員的意思，這樣反容易造成「歪樓」式的回答，也是面試時最大的忌諱之一。

• 必須要有結構式的回應

　　回答問題時最好是按層次、步驟、範疇等結構式的回應，避免天馬行空式的東聊西扯，當回答時漫無目的回答時，容易陷入過於冗長，或是不知如何收尾的困境，也代表思緒上的混亂，這樣在表現上，所代表的意義就是：「毫無邏輯可言、頭腦不清楚」等等的疑慮，分數自然不佳。那層次、步驟、範疇，所代表意義為何？

1. 層次──指的是說話時的條理、次序。

> 委員：你有什麼特質擔任這個工作？
> 考生：我有三個特質，第一，我有「熱忱」，我喜歡服務別人；第二，
> 我有一顆「善良的心」，我常看見電視上受虐兒的新聞，就會感
> 同身受，為他們感到難過；第三，我有「執行力」，凡是上級交
> 代的工作，我會全力以赴。

對於這個問題的回答，呈現三個論點：熱忱、善良的心、執行力。這就會避免表達時的雜亂無章，特別是在準備面試的階段，就要事先整理，了然於心。

2. 步驟──對事件的描述有一定的順序、階段。

> 委員：你接到一個新工作以後，你會怎麼做？
> 考生：首先，我會先「觀察評估」這件工作的環境及相關的重點；再來，
> 「謙虛請益」相關的前輩，了解這個工作應注意的事項；最後，
> 「擬訂計畫」，預設未來工作的內容與執行。

所以，觀察評估、謙虛請益、擬訂計畫就呈現了迎接新工作的順序，讓委員清楚了解你井然有序的做事態度。接到新工作，最怕勇往前衝，不顧一切，應謹慎觀察與評估，多聽、多看、多問，才去動手做，這樣才能避免橫衝直撞後的傷痕累累，同時，也展現出做事的沉穩態度。

3. 範疇──工作或思維的內容，經分析後所歸納的類別，可分別敘述。

> 委員：在推動「健康促進學校」方面，有哪些範疇必須要注意？
> 考生：健康是孩子一切的學習基礎，沒有了健康就沒有了一切。而「健
> 康促進學校」共有衛生政策、物質環境、社會環境、生活技能、
> 健康服務、社區關係共六大範疇。衛生政策，是考量全校師生健
> 康評估，進行計劃擬定與執行。物質環境……。

每個工作都有內容及範疇，回答問題時應按其分類進行說明，切勿東湊西拼，雜亂而不知節制，甚至最後不知如何收尾。以範疇的方式回答時，也應謹記，每個範疇的敘述，點到為止，避免過分陳述，而最後過於冗長，如有委員針對某一範疇發問時，再詳加說明。委員的發問，一般只是要了解你對這議題、活動或是計劃的熟悉程度而已，多說並不見得有益。

第三節　如何在一連串的提問後，掌握重點？

　　當委員發現你回答得異常順暢時（有準備理當如此），他可能會問一連串的問題，讓你措手不及。一次突然問這麼多問題，可能是要看你對問題的解讀能力（因為前面你回答得實在太順利了而產生懷疑），也許你回答不出來，也不用太過緊張，有時候委員會伺機幫你補充，顯現出他的專業。

　　要分配好時間，以避免自己陷入只回答單一問題的泥淖當中，問題一多，簡答題也是一種選項，千萬不要戀戰，回答最好點到為止，若委員有興趣會再追問，到時再行說明即可。「連環問法」是要測驗你的隨機反應，回答的準確與否，並不一定是委員想要看的重點，有時是想要測試你的反應而已。

　　完整回答，當然會加分，如果回答得不順利，也不用沮喪，因為這樣的問法，十之八九都是要考你的臨場反應，以及遇到突發事件時（也許是為模擬一些心急的人質疑與提問），緊急危機回應能力，切記勿慌，有可能委員對每一位考生的問法都是如此，所以臨危不亂是上策。

第十四章
策略的執行
——Strategic execution

策略（Strategy），是一種有計畫的謀略，也就是在激烈的面試過程裡，計畫性的創造自己的特色與優勢，使自己站在其競爭優勢的有利位置，是一種以達到成功目標的一種謀略，換言之，當委員提問時，回答的對應，不能一成不變。

在面試的場合，面對高度壓力及緊張的狀態下，有些人會用最安全、保守的方式回答。另外，有些人一聽到有把握的問題就會見獵心喜，不假思索，直接回答問題，恨不得把所知道的答案全部都說出來。但是，如果沒有鋪陳與策略，**回答得太直接與果斷，就會有背答案的嫌疑**。

然而，**面試是你與委員的「專業上的心靈交會」，不是「快問快答」，而是要有計畫性的「聊天」**。以下是幾種在回答問題時，可以運用的有效策略。

第一節　信心策略──建立「雖千萬人，吾往矣」的信心

面對委員的提問，開口的第一句是最難啟齒的，特別是你非常在乎這個人生難得的機會，一旦得失心重，也就會影響表現，這也是在所難免。所以要如何放鬆自己的心態，讓自己暢所欲言，讓自己顯得有信心？建立自己的正確心態是首要的課題。個人有以下的建議：建立充分的信心、想像聊天的心情、分享自己的想法。

• 胸懷非我莫屬的信心

在前面已經有提過，指的是要有「非我莫屬」的心態，這當然是來自平常的準備與透過不斷的練習，堆砌自己信心的基礎。每天早起，透過梳洗的同時，不斷練習自我介紹，並與鏡子中的你，進行對話與表達，並告訴自己：「Yes, I can!」要催化、強化、建立自己的堅強意識，才能建立自己的信心。

- 想像聊天的心情

　　許多人在開口的那一刻，往往「想太多」，想把最完美的一面呈現出來，所以太過謹慎，瞻前顧後，反而變成吞吞吐吐、結結巴巴，感覺既沒信心，又像沒準備好，其實是因為太在意了，所以，想像自己是在聊天的狀態，減少表達時結巴的可能。在聊天時，我們通常會放鬆心情而「暢所『欲』言」，但是在面試的場合，只是換成**「暢所『應』言」**，而且是有內容、有深度的聊天。

- 分享自己的經驗

　　指的是分享你自己發生的「故事」，對這些故事的看法，你看到的、聽到的，都可以運用經驗，這是最容易取得、切入的題材，轉化成為自己回答時的材料，並與委員進行一場心靈饗宴。這些材料最好是經過先前的預習與訓練，千萬不要臨時才突發奇想，但是如果之前沒有事先準備與淬鍊，那也只好憑著個人的經驗去詮釋，但切記漫無目的的表達。此外，在考試前多與有經驗的人，進行專業的對話與聊天，也能成為幫助你順暢表達很好的一種練習方式。

第二節　架構策略──流暢又不跳針的說法

　　在回答問題的順序方面，一般我們常用，「在○○方面……，在○○方面……」或是「第一……，第二……」這樣的回答邏輯，固然是沒有問題的，但是當每一題都這樣回答時，就有背答案的嫌疑，會顯得呆板與不知變通，像是「演講」，而不是在溝通、交流，這樣讓人的感覺是與委員有點距離的，而且在面對高度壓力與張力的情況下，也有可能忘了順序，更會顯得邏輯雜亂無章。

　　為了怕混淆次序，以及避免「套公式」的嫌疑，建議用**首先、接著、其次、再來、最後**的順序，只要開始用「首先」，結束用「最後」，中間隨

意選用，就不會有「跳號」的問題，而且說到哪兒要結束都無妨，但切記，要看題目的答題方式，進行調整，並非每一題都是用此方式可以解答。有時，因為提問的方式，或是只是要你簡單說出一件事、一個故事，就不用大費周章，用序列的方式表現，千萬不可硬塞，否則會變得極為不自然。

第三節 鋪陳策略──有立論、要論述，才完整

　　曾經在訓練考生時發現一個共同問題，考生回答得非常流暢，但是屢戰屢敗，面試分數始終不見起色，真不知原因為何？幾次觀察下來，都覺得他在表達時，思緒與邏輯上沒有太大的問題，但是總是少了點什麼？直到有一天，有一位資深的教育工作者，說了這段話：「你說得不錯，像是準備充分的考生，說話流利而順暢，但是，感覺離人群很遠，沒有讓人感動。」我終於懂了，原來缺乏的因素稱之為「溫度」，這是用以黏著立論與論述的「快乾」。

　　這位考生針對問題回答時心中已有架構，形成「立論」，說話時也鋪陳透徹，但是在「論述」時，只有含糊帶過，未深刻描述，就會形成沒有「溫度」的描述，例如，你如何在班上推動品德教育？你可以從品德教育的重要（立論）、在課程教學如何做（論述）？學生學習與輔導如何進行（論述）？在具體作為的部分，要能描述實際是怎樣做？而不只是規劃、設計、實踐等這些高層次的描述而已，而必須論述詳實而生動。「我們推動三品校園：『做人有品德、做事有品質、生活有品味』……」，這裡運用的就是「論點」。「自從在班上推動品德小楷模以後，學生們開始改變以前的冷漠態度，更願意幫助他人……。」這就是所謂的「論述」。「我思故我『做』」因為我曾經做過，所以思考起來相對得簡單容易。然而回答問題時，每一個論述不能花太多時間，否則其他的立論，沒有太多時間補述，甚至只能犧牲。

立論的向度不要太多，約 3-5 點，否則在短短時間內，無法表達完整，而具體論述的向度要精簡，建議每一論點以不超過 15 秒為限，這樣的回答方式，也比較容易面面俱到，但是這也不是不可破的定律，端看當時的情況，作適當的調整才是。

第四節 不知如何回答的策略——謙虛學習，謹慎以對

考試前，我們當然會充分準備，讓自己滿懷信心，但是萬一問到沒有準備過的題目時，要如何面對？這時也不要驚慌。首先，委員面對考生可能都是這樣問的，你不會，別人可能也不會，所以不用緊張。接著，可能你回答得太流暢了，委員可能要考一下你反應及應變能力。這並不是委員刻意要考倒你。再來，委員本身就是這方面的專家，他要了解各方的說法，也未必有一定的標準答案，所以，結論就是見招拆招，至於如何應對，以下有幾種方式可供參考：

• 嘗試模擬回答問題

這時可以誠實地向委員說：「我對於這件事（這論點），因為沒有參與過，不是很了解，但根據委員您所說的這方面的問題，我試著回答看看……。」在沒有把握的情況下，誠實總為上策，至少表達了你對這件事的看法，或是依照實際的狀況去做模擬的描述。

• 分享別人的經驗

這個方式，可以按照你所聽說的，加上自己觀點進行詮釋，在表達時可以直接表明：「這個計畫（活動），我並沒有參與過，但是我曾經在研習的時候聽過專家（同學或是資深的教育工作者）說過，在推動的時候要先做好溝通，接著……。」

- 勇敢承認自己的不足

最後，真的回答不出來，只好誠實的跟委員說：「我真的沒有辦理相關活動的經驗，無法回答這個問題，但是我回去後，一定好好的研究……。」這樣的回答方法，是下下策，不一定扣分，但是至少維持平盤。同一考場，如果這樣的題目接二連三的接踵而至時，你大概心裡也應該有個底，也許大勢已去……。總之，自認學藝不精，這是最不佳的方式，但是至少是誠實面對。

如果答錯，或回答的內容，不是委員希望的答案，也不用太擔心，個人曾經遇到過我不太有把握的題目，試著回答後，委員不太滿意，他好心的幫我補述了不足的部分。最後，我也回應了：「委員，您真的對學校的教育瞭若指掌，連這樣的小細節，都掌握得一清二楚（真的不是巴結，而是佩服），……。」最後，當然是過關了。**記得，有時讚美委員也是一種防禦的武器。**

第五節　不讓你回答的策略──尋找機會點，伺機補充

一位資深的前輩，在考前對我耳提面命，當時他說了很多應該注意的事項，我並沒有記得很清楚。但是，當他要離開時，突然問我：「假設面試委員問你問題，又不讓你回答，怎麼辦？」我當時愣住了，我說：「在那種高壓力與緊張的情況下，我真的也不知道如何是好。」他告訴我：「千萬不能隨便『舉手投降』，要戰到一兵一卒，顯現你的『能耐』。你可以運用剛完成面試最後要離開試場的時間，也就是跟委員拿回准考證，正要離開考場剩餘時間，再稍加說明。（通常一個試場以 15 分鐘估算，實際進行口試的時間約為 12 分鐘，剩餘的 3 分鐘就是準備時間與進退場時間）。」聽完後心想，不會那麼湊巧會遇到吧？但一星期後的面試，這件事還真的發生了。

一個星期後，就遇到面試委員「連珠炮」的問法，也就是一直問問題，

我根本沒有充裕的時間回答。記得當天，委員其中一段的提問是：「你一直都待在小單位，對於大單位的行政，你完全沒有經驗，唉！反正沒時間了，算了，下一題……。」這時心中老是覺得好像有個東西卡在喉嚨，甚至像「火燒心」般的不舒服，但還好並沒影響接下來的表現，直到要離開時，我拿回我的准考證，向委員致謝的時候，說了這段話：

「關於剛剛委員所提到小單位、大單位的問題，我補充一下（不管委員要不要聽，除非他明顯的制止）。著名的印度文豪泰戈爾曾經說過：「荷葉上的露珠對荷葉下的大湖說：『你是荷葉下的大露珠，我是荷葉上的小露珠』」經營有其相通的原理，我將本著這樣的精神，造福每一個人。」

說完這段話，委員頻頻微笑點頭，其餘一切就盡在不言中了。這句話既不用解釋，也不用贅述，因為時間寶貴，委員也討厭囉嗦，所以直接切問題核心來破題，用哲人的角度去解釋問題，層次夠高，回應的力道也夠大，簡潔而又能切中要害，也是一種彌補的方法。

每一個敬重的師長或是學長姊，都有自己獨特見解，這些來自於珍貴的現場經驗。眾家之言，不勝其多，如何篩選，端看個人需求，但記住每一個對你影響最深的一個概念，或是每一個名家對你影響至深的一句話，細細品味、深刻斟酌，哪天有機會遇到困境，也許他就是帶領你走出困境的貴人。

用補敘的方式回答，還是要評估現場的反應時間，還有看現場的氣氛，千萬不要弄巧成拙。所以有以下幾點，必須再提醒：

- 如時間已經不太充裕（工讀生已經在催場），就不要強求。
- 不要跟委員爭辯，要切記這是攸關於你前途的考場，不是辯論「競技場」。
- 要在最短時間內完成你的陳述，一旦過於冗長，會令人厭惡。
- 最好借力使力，運用名家之言，強化論述，有深度，又有力度。

Date _____/_____/_____

第十五章
支持的論點
——Supporting argument

支持的論點，指的是在陳述教育的過程中，運用理論、實證或引言作為基礎，支持自己的論見或想法，是解釋教育問題的一盞明燈，所參考的論點有可能是哲學大師對於教育的詮釋，也有可能是心理學者的定見，可以幫助我們用以解決現場的一些問題。德國哲學家康德（I. Kant）說：「**沒有內涵的思想是空的，沒有概念的直覺是盲目的**」（Thoughts without content are empty, and intuitions without concept are blind.），「概念」與「論點」有異曲同工之妙，可成為人生中的明亮燈塔，引導未來的方向，才能釐清事因，理清本末。而「內涵」如同「論述」，則要具體說明，最好能如「親臨現場」般「身歷其境」。

理論的部分，是考生最頭痛的部分，普遍的現象是：背過、瞭解，但不知如何用？說得出來，卻不夠簡潔、有力。在論證的學海中，一定非得透徹明白，但是如果要在生活中體現，需化繁為簡，靈活運用，讓理論得以在日常實踐，並要能活化，才能昇華。我們運用這些論點來闡述自己的意念，確實能幫助釐清與解決面臨的困境與問題。

教育研究常強調「單一理論無用論」，是指無法用單一理論去解釋與解決現場的所有問題與現象。取各家之精華，思考可用之處，動見觀瞻，方能發揮最大效益。以哲學來說，各家之言多且雜，所以建議彙整與個人理念相近的理論，在經過強記及融會貫通，必有所助益。

教育理論的範圍多且廣，是很好運用的資料智庫，其中以哲學為起源，其後發展出心理學、行政學、社會學、法學、經濟學等等，是前人重要的智慧結晶，可以善加運用，但因每個人的教育信仰及思維不一，建議找尋適合自己的理論基礎，作為延伸之用。

第一節　哲學的運用——點燃一盞指引人生的明燈

哲學是一切心理學的起源，早在二千多年，哲學辯思風氣鼎盛，百家爭

鳴，至今仍影響後世甚鉅，因此也是理論依據的重要根源。然而西方教育哲學的發展，從最早的蘇格拉底、柏拉圖、亞里斯多德，希臘三哲人的理想主義以降，其後發展出理性主義、經驗主義、自然主義、存在主義等等，百花齊放，爭妍鬥麗，成為後世教育理論的重要根基。同時，在東方的至聖先師孔子、孟子、老子、莊子等等，也不遑多讓，影響東方文化至深。那如何引經據論，言之有物？舉一常在教育試場上被問到的問題。

委員：你個人的教育理念是什麼？
考生：我個人的理念是「有教無類」、「因材施教」，也就是帶好每一個孩子為目標，並根據每個人條件不同，給予適性教育的發展，培養孩子不是為要爭「第一」，而是要讓孩子適性發展，成為世上「唯一」。

前述「有教無類」是源自於《論語·衛靈公》篇，而「因材施教」的理念則來自《論語·為政》等相關篇章，有了理論為基礎，更能清楚且強而有力的詮釋個人的理念。

第二節 心理學的運用 —— 洞悉人性本質的透視鏡

心理學的起源來自哲學的衍生，其相關的理論生成，是源自於研究動物與人類行為及心理現象的科學。教育心理學是為教育現場問題，與解決應孕而生。其主要的理論有行為學派、認知學派、人本學派、社會認知、鷹架理論……。準備教育考試的相關過程中，要深思熟慮，清晰明辨，並在面試的過程中列舉，靈活運用，必有錦上添花之效。

委員：學生不喜歡到學校上課，可能原因為何？如何解決？

考生：學生不喜歡到學校上課的原因多元而複雜，有可能是家庭、學校、社會的因素影響，所以要抽絲剝繭，找到問題的源頭。例如，很多孩子到學校來是因為不被認同，就可以鼓勵參加相關的社團，讓他擁有成就的舞臺，滿足**自我實現的慾望**（人本學派），在他表現好的時候，要適時的**鼓勵與激勵**（行為學派），對於適應上的問題，要有認輔的協助，改善孩子**同化**及**調適**（認知學派）的能力，並透過同儕的力量，**架構學習的動機**（鷹架理論）。

此為答題的參考，真正於回答問題的當下，並無法靈光乍現，引經據典，觸類旁通，因此，在每一次的回答中，找尋適當且適用的理論融入即可，而不是要全部套用，有時用了太多的理論，反而易流於打高空之嫌。

第三節 社會學的運用——關心每一顆需要關懷的心

教育社會學是將學校當成一個小型的社會，強調人與人之間的互動、競爭、衝突與成長，服膺社會的公平與正義。鉅觀而言，涵蓋教育目的與功能，如何分類與教育選擇，甚至進行改革；微觀而言，班級的經營與師生的關係，以及校園的民主推動與倫理的建立等等，故可從教育社會學的觀點，強化濟弱扶傾，以達初始點的平等。

委員：對於學校弱勢族群的孩子，學校應該有哪些積極的作為？

考生：「**如何善待弱者，是一個國家文明的指標**」（印度、甘地），協助弱勢族群的孩子，本著發揮**社會正義**的理念，讓他們站在齊一的公平起跑線上，是教育應有的理念。首先，透過輔導的機制，篩

選及積極發現需要協助的弱勢家庭學生，根據類別，依據需求，提供各項經濟上的協助。再者，透過小團輔、個案認輔等制度，協助生活的輔導，接著，對於學習落後的孩子，引進**補救教學**、**差異化教學**，施以**積極性差別待遇**，最後，可運用火炬計畫、夜光天使、大手牽小手等計畫，協助伴學與共讀，以**弭平學習的落差**。

社會正義、**積極性差別待遇**等，都是教育社會學裡重要的理念，在教育現場，帶好每一個孩子是基本教育認知，讓每個孩子都成功是教育最終理想。

第四節　行政學的運用——實踐解決問題的行動力

教育行政學的範疇，涵蓋**教育的願景**、**領導**、**計畫**、**決定**、**組織**、**溝通**、**執行**、**評鑑**、**反思**……，是為達成教育目標的策略與方法。行政學在教育工作現場，無論是學校行政，或是班級經營，甚至校務經營，都是可以思考與參照的依歸。

委員：學校如何推動教師專業的發展？

考生：大前研一曾說：「專業是唯一的生存之道」，教師專業提升，是學校面臨永續發展的重要關鍵。所以，要依照教師的需求，擬定教師專業發展**可行**、**可操作的計畫**，並引進教師專業**發展系統**，善用教師專業發展社群，架構教師專業**發展平臺**，進行專業的分享，並成就師傅教師，發揮**網狀組織**的精神，去造就每一個教師，成就每一個孩子。

上述的論述，涵蓋了**評估**、**計畫**、**系統**、**組織**、**執行**等面向，都是教育行政重要的範疇，特別是教師專業的提升，是攸關教育品質的砥石。透過教育行政有組織、有計畫的推動與執行，才能提升教育的專業效率。

第五節 經濟學的運用 —— 思考更有效率的經營

教育經濟學源於經濟學的思維，透過經濟發展的脈絡，確保及提升教育的品質。其中，包含**教育的目的**、**教育的成本**、**教育的流程**、**教育的品質**、**教育的效益**、**教育的評價**、**教育的產業**等等，希望透過經濟學的檢視，能使教育的相關資源，作適當的分配與運用，讓學校發展發揮最大的效益。

委員：你們如何爭取教育資源，以提升教育的品質？

考生：**「學校如大海，納百川必盈滿」**。學校的活動經費挹注，可分為競爭型計畫、專案補助、民間企業團體贊助等等。我們曾經為了要爭取經費，至社福團體進行簡報。我們說：「這些偏鄉的孩子，放學後，無所事事，只要給我們一些經費，成立社團，就可以讓這些孩子學有一技之長，但我們也會本著提升教學的**品質**為目的，檢視經費使用的**流程**，提升學生的學習能力，並透過學習能力**評價**分析，讓每一分資源都發揮最大**效益**……。」

以上的例子是以教育經濟學的角度，著重在**以成本效益**、**績效責任**等的觀念，來說服社會及企業團體，爭取資源。在目前教育資源艱困的環境中，不啻是為學校注入教育的活水，再創教育的生機與感動。

第六節 法學的運用——表達有憑有據的意念

教育法學是關於教育的法律規範與運用，其中，包含教育相關的法條、辦法、規範制度等等，都涵蓋其中，是為解決教育的問題必須依循的準則。其相關的法律條文與辦法，包含：**國民教育法、教育基本法、教師法、學校訂定教師輔導與管教學生辦法**……。

委員：你對於體罰事件有怎樣的看法？

考生：根據**教育基本法**：「學生之**學習權、受教育權、身體自主權及人格發展權**，國家應予保障。」另外，**教師輔導與管教學生辦法**也提到：「透過正當、合理且符合教育目的之方式，達到輔導學生之目的。」體罰學生不僅違反**教育基本法**，且教師應該發揮專業自主的精神，運用**正向管教**的方式，達成輔導管教的目的。因此，任何逾越法律的行為，都是不被允許的，需要再加強老師法律觀念才是。

　　教育法學涵蓋的範圍相當的廣泛，其精神是為保障學生**學習權**、教師**專業權**、家長**受教權**、**行政裁量權**等權利，於面試過程當中，如能提及相關的條文，作為自己推動教育的理念與價值，必能提高自己的視野以及格局。

　　上述支持的論點與論述，對於進入教育或是學校現場的工作者而言，都有相當的助益，理論的釐清與內化，是指引教育方向的重要砭石，更是解決教育現場的重要依據。善用理論的論述，必能彰顯出自己的核心價值，並能說服委員，在自己成為稱職的新鮮人前，是有所準備的。

　　針對各教育範疇、各家理論以及教育的名言佳句，來闡述教育的理念與想法，簡要來說明，至於各大派別、主要代表人物、教育理念精要整理，相關的概念僅止於「點到為止」，最主要的還是希望考生，能廣泛的運用百家

之言，說自己的夢想與願景，不要僅止於「略知皮毛」的背誦而已，而是要能靈活的運用，並能深入研究與體悟。

「精簡」而能「有效」運用，是本章最重要的目的，所以在內容上無法完整及深入呈現所有理論全貌，建議由讀者自己重新彙整與定義，整理出與各理論的名言佳句或關鍵詞彙。以下的關鍵字及名言佳句僅供參考，可作為個人在論述時之用。

範疇	理論、法源	名言佳句或關鍵字
教育哲學	理想主義（Idealism）	• 教育不是填滿瓶子，而是點燃火苗。（蘇格拉底，Socrates） • 教育應是一種娛樂，這樣才能發現孩子的喜好。（柏拉圖，Plato）
	理性主義（Rationalism）	• 我思故我在。（笛卡爾，Descartes）
	實用主義（Pragmatism）	• 知識就是力量。（培根，Bacon）
	實在主義（Realism）	• 知識源自於感覺與反省。（洛克，Locke）
	自然主義（Naturalism）	• 沒有經驗就沒有學習。（盧梭，Rousseau） • 教育無他，唯愛與榜樣。（福祿貝爾，Froebel）
	文化主義（Multiculturalism）	• 只有在愛的溫度裡，教育才能成功。（斯普郎格，Spranger）
	存在主義（Existentialism）	• 我與汝（I-Thou）」的關係。（布柏，Buber）
	實驗主義（Experimentalism）	• 教學必需從學習者已有的經驗開始。（杜威，Dewey）
教育心理學	行為理論（Behaviorism theory）	• 獎勵、懲罰、增強、削弱。 • 準備律、練習律、效果律。（桑代克，Thorndike）
	認知理論（Cognitive theory）	• 動作表徵、形象表徵、符號表徵。（布魯納，Bruner） • 基模、平衡、同化、調適。（皮亞傑，Piaget）
	人本主義心理學派（Humanistic Psychology）	• 生理需求、安全需求、愛與隸屬、自尊需求、自我實現。（馬斯洛，Maslow）
教育社會學	和諧理論學派 衝突理論學派 解釋理論學派	• 文化再製、文化霸權、社會正義、濟弱扶傾、初始點的平等、積極性差別待遇、教育優先區、教育選擇權。

範疇	理論、法源	名言佳句或關鍵字
教育行政學	趨勢領導	• 掌握組織內外的走向，與國內外發展趨勢，建構組織計畫，帶領走向優質卓越的未來。
	第五級領導	• 謙虛的態度、專業的堅持。
	激勵保健理論（Motivators—Hygiene Factors Theory）	• 成員的「滿足感」受到「激勵」則有成就感；「不滿足」受到「保健」（消除），則有安定感。
	權變理論（Contingency Theory）	• 良好的領導策略必須依照環境來調整，才能產生最適合的效果。
	混沌理論（Chaos Theory）	• 耗散結構、蝴蝶效應、奇特吸引子、回饋機能。
教育經濟學	全面品質管理（Total Quality Management, TQM）績效責任（Accountability）平衡計分卡（The Balanced ScoreCard, BSC）	• 事先預防、持續改善、顧客至上、品質保證、全面改善。 • 目標導向、權責相符、績效責任、成本效益、教育市場。 • 財務、顧客、內部流程、創新與學習。
教育法學	教育基本法國民教育法教師法學校訂定教師輔導與管教學生辦法	• 學生學習權、受教育權、身體自主權、人格發展權。 • 行政裁量權、教師專業權、家長參與權。

　　考生在讀過各類的專業理論書籍以後，對於甄試也許有一定的判斷與表現的能力，這是檢驗專業與否的重要依據之一，也是進入教育職場的重要門檻，但是卻往往在面試的過程當中，不能融會貫通，殊為可惜，其原因是未將理論架構化（沒有整理）、簡化（太過龐雜不好記）、活用（不知何時用），上述是將理論化繁為簡，並適時運用理論與實務的融合與實踐，唯相關理論博大精深，僅能部分呈現，簡要說明運用原則，最終還是得多加練習，方能融會貫通，優游其中。

運用理論的原則：

1. 要「點到為止」：不要刻意將理論、法條的內容全部陳述，會過於冗長。

2. 要「去蕪存菁」：選擇你曾經準備過的理論或法條，融會貫通即可，時間不足，千萬不要勉強。

3. 要「水到渠成」：在對的時間點，放入對的論述。

4. 要「精簡扼要」：聽過的、簡要的、常用的，優先考慮；過長的、拗口的、沒緣份（記不起來）的就放棄吧！

5. 勿「弄巧成拙」：不要所有回答都想硬塞，會讓人感覺「掉書袋」。

第十六章
亮點的整合
——Shining-point integration

《周易‧繫辭上》第十二章中說：「形而上者謂之道，形而下者謂之器」。前幾節所述微笑的自信、順暢的表達、策略的執行、支持的論點，這些詮釋的語言，大多偏向「形上」的概念，是一種思想、一種感覺、一種概念，一種抽象的「道」；然而天地間看得到、直接感受得到的具體事物、事證，就稱之為「器」。而亮點的呈現 Shining-point 正是補足了形而上，較為虛幻、渺無的不足，然而「道器不離」，互補而融合，則能圓滿詮釋。

回答問題時，如果沒有配合實務的分享與佐證，如同隔靴搔癢，會讓人覺得你在「打高空」，無法得到「同溫層」的認同，更無法引起共鳴，如能加上自己實務上的亮點，就會顯得「接地氣」，同時驗證你實務參與的熱忱，並能引起「共伴效應」。

陳述己見的過程中，如果只有理論架構，沒有描述實際的作為，則稍嫌空泛，而亮點的綴飾，猶如錦上添花，可以驗證自己的差異化競爭力，以及在工作或實務上的積極表現，所以「亮點」最大的意義是在呈現自己的「特色」、專業的「認證」、工作的「投入」。

亮點與績效包含：個人的得獎紀錄、參與學校的競賽及活動、指導學生參與各項比賽、接受各項媒體的採訪與露出等，茲就下列幾「點」進行說明。

在表達過程中將具特色的重點羅列出來，猶如繁星點點，點綴夜空，這就是亮點的功效。

第一節 「特點」──展現教學的創新力

課程與教學的設計，是在教育領域上極為重要的專業，因為孩子的學習以課程教學為核心，孩子能力的傑出表現，是教育最終的目標，所以能專注在課程教學上的創新與研究，是教育專業最重要的「核心能力」，如能適時加入自己的得獎紀錄和歷程，描述課程建構時的專業互動、省思、成長，更能凸顯自己在課程與教學的專業價值，也就能創造出專業的特點。

舉凡教學卓越計畫比賽、教學創新獎、多元評量設計、領域的教案設

計、議題的跨領域設計（資訊教育、環境教育、性別平等教育、人權法治教育、生命教育、海洋教育等等），經過這些專業競賽的洗禮，會讓自己對於整個課程設計，與教學流程的實施更加清晰而精進。

委員：你如何創造課程教學的特色？
考生：在課程設計的過程當中，思考如何融入在地的課程，讓課程與生活更緊密的結合，所以我們融入在地的特產——竹子，以竹子為核心，編製**生態**、**生活**、**藝術**、**人文**共四套課程，從去體驗竹子的環境生態，到了解農人如何耕種，接著運用竹筍的殼製作紙漿，甚至進行紙燈、面具創作，進行一系列的課程設計，不但讓孩子的學習延伸至社區，更激發學習的興趣，終於榮獲「**教育部教學卓越獎**」的肯定。

這裡論述的不僅是課程與教學的設計概念，更是將自己在參與學校校本課程的歷程裡，進行「置入性行銷」，這樣有實務面的說明，更適度了呈現自己得獎亮點。

第二節 「賣點」——執行專業的說服力

專業證照的取得，代表對此領域的深耕與能力的認證，也代表對專業能力深度展現。透過專業證照的取得而終身學習，能激發教師往專業領域的典範教師、師傅教師的目標邁進。在此領域重要的證照有**教師專業發展評鑑**、**英語專業教師證照**、**閩南語教師**、**專業輔導**、**資訊管理**證照等，特別是正在積極發展的教育政策的證照，如 12 年國教、國際教育、科技教育、環境教育等等，有了這些專業的證書，就有「賣點」的效果，可以看見你對專業的努力。

專業證照的取得，有時靠機運（剛好學校的資源夠，或是有專業的前輩

協助指導），有時也要靠實力（自己正是這方面的專家），不然就得靠努力（透過自己的積極參與）。另外，每個人在自己的領域都有其差異的競爭力，但是現今社會的競爭力是要有跨領域的思維，特別是中、小學現場，有可能遇到擔任非自己本身擅長的科系，或是擔任行政工作（大部分的人都不是行政相關科系），若以開放學習的態度，當成一場教育旅途中的重要學習機會，可以為自己人生的歷練再加值。印度大文豪的泰戈爾曾說：「**唯有學習不已的老師，才能認真的教。**」抱持學習的態度，強化自己的專業，才能獲得家長及學生的尊重。

> 委員：說一說您參與「教師專業發展評鑑系統」的經驗？
>
> 考生：專業的教師，應該秉持著 **12 年國教**終身學習的精神，方有專業的能力去成就每一個孩子。參與「教師專業發展評鑑系統」基礎認證過程當中，透過**備課**，伙伴提醒我課程設計的不足，給予我寶貴意見，在**觀課**的時候，再次提醒我課程的設計邏輯是必須符合學生舊經驗，特別符合生活經驗的延伸，才能引起興趣。在**議課**的過程中，更建議我可以結合校外教學的經驗，加上實體的教具，效果會更好。

　　面對教育變革，我們應該與時俱進，要能活化孩子過去先備的知識，面對現在生活，去解決未來的問題。

　　運用專業認證的歷程，呈現自己參與課程與教學的能量，有時並不一定要有「豐功偉業」式的績效，反而樸實的呈現自己專業努力的軌跡，散發自己的專業光環，也是為自己專業加分的一種良好的方式。

第三節　「熱點」——點燃熱情的魅力

　　當你個人的績效並不是那麼顯赫的時候，熱心參與學校相關的教育活

動，也是可以著墨的地方，畢竟參與比賽的得獎也並不是那麼容易，獲得專業認證也需要長期耕耘。

學校辦理運動會、教師節活動、聖誕節、畢業典禮、校外教學等活動，曾經參與活動的策畫或是主持，或是擔任運動會編舞的老師、教學觀摩的示範者，可以提升自己面對人群的膽識（面對那麼多人都不怕了，就是一種勇氣），也是提升口才能力的最佳途徑，並展現出你專業合作的態度，以及個人獨特的風采。

委員：在參與的教育生涯中，有沒有一件讓你印象最深刻的事？
考生：我曾經協助辦理全市志工表揚大會，當時我擔任協調節目的工作。印象最深刻的事是原本已經規劃好的行程，因為長官的出席時間更動，所以必須調整活動內容，一方面要控制頒獎的時間，另一方面要協調節目進行，在長官進場的時刻，獻上最精彩的節目，讓頒獎的順序與節奏也臨危不亂。所以這件事讓我學習到如何找到**關鍵**的人，協調**關鍵**的事，做**關鍵**的決定，人生正也是由一連串的決定所組成，積極**面對它**、**處理它**、才能**掌控它**。

面試的過程中，觀看的不只是專業、能力，更重要的是態度與樂觀進取特質以及經歷表現，透過活動的承辦歷練，更可彰顯個人的辦事能力與勇於任事的格局。

第四節　「靚點」——妝點美麗的吸引力

除了課程與教學的設計，帶領學生參與靜態、動態活動，亦可展現個人對教育投入的企圖心，其中靜態包含：科學展覽、各類國語文競賽、藝文競賽、書法比賽等等；動態則包含：音樂比賽、各類田徑賽、啦啦隊比賽、健康操、大隊接力等等。透過訓練學生參與比賽，學習如何觀察學生的學

習，傾聽孩子的聲音，陪伴他們成長。成績表現優異當然是種榮耀，但是訓練歷程的付出與用心，也是專業態度的一種表現。

委員：你指導的學生參加美展得獎相當多，請你說一下你得獎的因素是什麼？

考生：雖然得了很多的獎，但這不是我的初衷，我覺得孩子學到什麼才是最重要的。「**用心**」與「**方法**」是重要的關鍵。每一屆的學生都不同，孩子也都來自各班，需要「**用心**」與家長和學生溝通，有了彼此的信任才會有成果。而「**方法**」是得獎的重要關鍵，像榮獲全國美展的這件作品，是孩子因為受到挫折所得到的靈感，所以用畫表達自己的想法，展現出來的價值才是關鍵。但是，**我更要感謝一路支持與鼓勵我的同事，因為每當有挫折，或是瓶頸，他們總是不吝伸出援手，當最好的「神隊友」。**

想必這位老師一定是得獎無數，「績效」已呈現在書面資料上了，只要將「靚點」的形成原因及背後的故事表達出來，就已足夠，此時就不用再多說什麼。

第五節　「焦點」──聚焦傳播的影響力

在新媒體充斥網路系統的年代裡，行銷的渲染與影響力就顯得特別重要，如果能善加強化行銷的能量，必能為自己加分。

若有全校性的教育活動，可聯繫當地的地方媒體，或各大報紙、電子刊物，進行策略行銷。個人班級經營的部分則適合投稿各大平面報紙、雜誌，都有助於個人專業形象的建立，唯先決條件是這些媒體的行銷，必須建立於孩子有效學習基礎上，而非只是為行銷而行銷。

學校有時配合節慶的活動，例如：教師節、聖誕節、端午節等節慶活

動，或是配合學校的幸福家庭、閱讀推廣教育、運動會等教育活動，甚至班級推展硬筆書法、藝術深耕、校外教學等等，有差異化的特色，均適用媒體露出的方式呈現教育的成果。

委員：你說你曾經接受教育電臺的專訪，說一說你的感想？

考生：能接受專訪，肯定的不僅是孩子們的用心與努力，而是學校的榮譽。這次有幸能受到教育電臺的專訪，是因為班上有孩子，看了電視上非洲地區的居民，因為赤腳，所以容易感染寄生蟲，發起了將舊鞋送到非洲的計畫。站在老師的角度，協助孩子完成夢想，送愛心到非洲，這不是最好的品德教育嗎？我只是做了一個老師應該做的，而且很有意義的事，也要感謝學校願意支持這樣的活動，促成了這一件有意義的事。

　　我們在人生的處遇上，不求汲汲營營，追求名利，但是如能將教學的成果，聚焦於傳播的力量，擴大行銷的影響力，讓更多人看到、了解到，讓更多人參與，就達到了教育行銷的目的。在面試的當下，適時融入自己的媒體經驗，不失為自己形象增添光彩。

Date _____/_____/_____

第十七章
故事的行銷
——Story marketing

故事，每個人都愛聽。面試委員可能坐在枯燥的椅子上一天，聽著每個人的「豐功偉業」，以及千篇一律的理念，很容易疲累與失去耐性，說一個動人的故事，會更讓委員印象深刻。故事的意義在於──「我說故我在」，用自己的生命來說故事，如能說得好、說得巧，說到令人動容，所表達的意義是──**我是一個有感情、有知覺、願意貢獻、願意付出的人。**

第一節　故事行銷的意義

故事行銷可以從故事的取材、架構、技巧進行布局。從故事的描述去表達自己的意念，而獲得認同與展現生命的歷程與價值，甚至引領聆聽者，有興趣探究說話者的生活歷程，與個人的理念與價值。故事所使用的語言、意象，若能貼近於生活的用語，就會更添了口語表達時的柔軟與溫度，所以要避免面試的歷程中，充滿生硬的文藻辭令，拉近人與人的距離。

「說一個動人的故事，讓所有人都願意跟你走」。在競爭激烈的考場中，每個人都使出渾身解數，表達自己的理念與想法，陳述自己的經驗，但如何讓人留下深刻的印象？最好的方式是以親身體驗的故事，傳達自己的意志與價值，讓人過「耳」不忘，因此「**故事是讓人理解自己最快的方式**」。

故事的另一個弦外之音是，我曾經認真、努力、深刻的過生活，而不僅是憑空杜撰而已，回答問題時，也比較不會覺得是打高空，而是更能感覺有實務工作的經驗。透過故事的陳述，適時加進自己的架構、理論，比較容易撥動委員的心弦，也會留下深刻的印象。

第二節　故事敘述的原則

說故事的原則，要能精確掌握時間、敘述時要有張力，並和描述的對象發生關係，且能順勢表達自己的處世哲學與意念。以下是有關說故事的原則，僅供參考。

- 要能掌握時間

　　有人對於面試的時候用說故事來表達，充滿了問號。第一個疑問是，哪有那麼多時間？一定會說不完！是的！在沒有充分準備的情況下，當場用故事來敘述，一定說得雜亂無章，所以，必須要有充分的準備與練習。因此最好自己先擬好逐字稿後熟讀再修正，並說給自己的家人先聽看看，是否有「感覺」或是「感動」，但不用擔心他們是否夠專業，因為故事的感人不在於艱深的詞彙，而是內容的共鳴，能感動家人，勢必也能感動面試委員。

- 要有邏輯架構

　　說故事除了要感人外，更重要的是能帶到「弦外之音」，換句話說，故事的鋪陳是為了引導個人的想法，與彰顯個人的特質，所以較為合理的方式，是從故事裡帶出自己的理念與價值，並要有邏輯架構的框架，才有動人的鋪陳。架構的部分，可以分**劇情鋪陳**、**處理原則**、**感人情節**等。**劇情鋪陳**，是挑選的故事是和自己有直接互動關係；**處理的原則**，是從過程中運用了那些原理、原則；**感人劇情**，則是在這過程中，你和故事裡的人物或是事情，激盪出怎樣的火花。

- 要能引導想像

　　故事要能引起想像，必須要有現場的情境，才能引人入勝。例如：「我永遠記得那一天，下著傾盆大雨，來到了一處髒亂的屋子前……。」這是先描繪出事件主角當時處境的一種方式，在故事裡隱約要描述弱勢家庭環境的景象，又如：「當我看見孩子滿身的傷，我不禁紅了眼眶，心想才這麼小的孩子，為什麼要遭受如此的……。」這可能是處理家庭暴力的景象，從畫面再帶到處理事件的過程與結果，但這只是個「引子」或「催化劑」，用以帶出所要表達的故事，其後的故事內容發展，一定要切合主題，不能「天馬行空」，必須「念茲在茲」，才能切中要義，才能避免「說了半天卻不知你要表達什麼？」的窘境。

- 要能貼近事實

　　從自己曾經發生過的經歷來說故事，最真實也最動容，有時就怕坐擁金山銀山的故事題材之中，卻無法充分表達自己的故事，反之，也怕言過其

實，而陷入「為賦新詞強說愁」的尷尬。**說事實的體驗，表達真實的情感，一定容易讓人印象深刻。**

「只有自己深刻體驗，才能真情流露。」我常常提醒應試者，在你的人生歷程中，你最高興的、最深刻的、最得意的、最難過的、最遺憾的故事是什麼？（這些題目常常是考官常問的問題），那就要從自己所經歷的故事中去取材，因為自己的故事最真，說的時候比較不會心虛，但也常遇到考生的提問：「我沒有感人或是印象深刻的故事，怎麼辦？」

解決之道是找個同儕或是前輩，先從聊天開始，從曾經有印象的故事聊起，再從對話中去擷取可以鋪陳的素材，就像從成堆的亂石中，發現具潛力的璞玉，再將璞玉雕琢成瑰寶。考生通常不是沒有感人或是印象深刻的故事，而是沒有用心發現、真心感受。**「從日常生活，感受非常的故事，發現自己的特質，勇敢地呈現，這就是故事的魅力所在。」**

・要能引起共鳴

說故事最好要讓聆聽者感同身受，引起共鳴，才有加乘的共伴效應。在任何的職場上，故事發展最重要的是人。在這以人為故事的對象中，又有主要核心對象，在教育職場上是學生，在商場上是顧客。所以圍繞在這些核心對象的故事較容易扣人心弦，是因為人際的傾聽、互動、關懷、尊重，都可以從故事中發展出來，而探討人的感情故事，永遠最動人。此外，故事的背景最好有集體的共同回憶。例如，學校的背景是校園、教室等等，職場的背景是門市、辦公室等等。如果事先能知道委員的背景，那當然是「知己解彼」。雖然不一定要討好對方，但起碼大概知道對方要問什麼？因為人的思考邏輯，常有一定的慣性與習性，還會受到個人的偏好影響，只要你用心，就可以發現他們的思考的邏輯。

此外，「表錯情」是件麻煩的事。有些故事可以感動人，讓人印象深刻，有些人說自己的故事，訴說委屈，聲淚俱下，但卻讓聽的人莫名其妙，摸不著頭緒。曾經遇到一位考生，練習的時候問他：「你職場生涯中，最委屈的一件事情是什麼？」才一問出口，他就說：「我在前一個單位任職的時候，直接叫我擔任組長，我從來沒擔任過行政工作，這工作對我來說

壓力非常大。一方面，常有上級單位的填報資料的催繳，另一方面……。」說到這裡，已經哭成淚人兒，接著就無法問下去了，這時已經浪費大半的時間，可是不知他要表達的是什麼？除了覺得他有點可憐、辛苦以外，更強烈的傳達了這位考生是需要進行輔導的，不但沒有共鳴的效果，可能更弄巧成拙，因為這是考場，要有怎樣的表現才適宜，要先想清楚。

第三節　描述故事的方式

　　故事的描述，依據說話者的角色情境，可以分為：**虛擬實境**（從寓言、古今故事等取材）、**模擬情境**（自己沒參與其中，只是聽說，也就是說別人的故事）、**身歷其境**（自己身上發生的故事，本身就是故事的主角之一）。

• 虛擬實境

　　虛擬實境指的就是自己所看到、所閱聽到的新聞、雜誌、書籍等故事，結合自己的想法獲得的省思。這樣故事，不一定真實發生的，可以是神話、寓言等等，其目的是為旁徵博引的題材，成為自己人生哲學的啟發。以下是示例說明。

　委員：說一說你現在的工作氛圍如何？
　考生：我目前工作場所的氣氛溫馨和諧，大家就像一家人，彼此互相幫忙。這樣的氣氛，讓我想到一個關於天堂與地獄故事，這個故事是說：「在天堂的場景和在地獄的場景一模一樣，都是一群人坐在一條長桌上吃飯，在地獄的每一個人拿起筷子，要夾起盤子上的丸子，拼命往自己的口中送，因為筷子實在太長了，沒有人成功，所以大家都餓著肚子，每個人都瘦骨嶙峋，但是在天堂的每個人，互相合作，將丸子夾起後，就往對桌夥伴的嘴巴送，所以大家都吃得很開心，整個桌子都和樂融融。」我們的組織氣氛，就像故事裡的天堂一樣，遇到事情大家會一起協助，彼此幫忙與分享。

在這個背景的敘述當中，透過自己曾經聽過或是看過的故事，去論述自己工作環境的敘述，有如「鏡射」的描述，支持的論述，就顯得強而有力，具有投射的效果。

• 模擬情境

每個人所經歷的經驗與故事不盡相同，所以針對委員的提問，如果對應到類似的故事最好，但是不是所有的題目都這樣「湊巧」，因此，透過他人的轉述，或是吸取別人的經驗，也是可運用的方式。「聽話」是增能重要的功課，個人如果覺得他山之石，的確可以攻錯，有其價值，就可以運用所聽到、看到的故事內容，針對被問的問題進行解讀，因為不是自己的故事，所以稱之為「**模擬情境**」。

每個人的環境因主客觀條件不同，有些人常遇到棘手的問題，有些人則是一帆風順，不是所有的情境都是有機會遇到的。如果遇到較多的困境挑戰，不用太沮喪，因為這些所謂的「試煉」是你的「逆境菩薩」，跟隨著你，是緣分，這樣你比別人更有機會，蹲更紮實的馬步。如果職場上，常遇到順遂的事情，要感謝老天，因為一路上有貴人相助，讓你有機會御風而上。

所以當你毫無經驗可以敘述時，就得多請益職場上的前輩或長官，如何處理與面對？聽聽別人的故事也是學習的最佳途徑。用「聆聽」的方式，欣賞別人在人生的舞臺上，在歲月的洪流當中，如何華麗的轉身。以下是真實的案例分享。

委員：如果你遇到學生受到意外傷害事件，應該如何處理？

考生：在教育現場，如果遇到這樣的事，相信是一種無法抹滅的傷痛，真是令人傷心難過。我曾經聽過學生因為擦玻璃，從窗戶上跌落地面的不幸事件，當時老師是先通知學務處，啟動緊急事件處理機制，再來，秉持救人第一的信念，緊急聯絡家長，由護理師協同老師及家長將學生送到醫院，並由教務處安排該班的課務，接著，由學務處進行通報，並由輔導室派員進行該班學生情緒輔導。最後，學生雖受傷嚴重，但救回一命，家長對於學校第一時間的處理，深表感謝。

偶發事件的發生，不是每個人都會遇到（最好不要遇到），所以汲取別人的經驗，作為自己成長的養分，也是讓自己不斷強化的一種方式。

· 身歷其境

　　「身歷其境」這是根據自己親身的所見所聞，真實地表達與呈現，但必須重新設計與規劃，避免天馬行空的描述，以致造成又臭又長的窘境，甚至聽不出故事的重點，建議平時收集自己生活題材，或者從同事、朋友、學生之間，找尋有「感情」、有「溫度」的故事，並且要寫逐字稿，避免太過冗長而讓委員失掉聆聽的耐心。另外，故事的題材要慎選，要讓閱聽者有感覺，所以**從生活中找故事，從故事中找「感覺」**，從感覺中發現「感動」。以下舉例來進行說明。

委員：你曾經幫過同事的經驗中，哪一件事最令你難忘？

考生：委員提的這個問題，讓我想到一個畫面。上課中，一個兩眼放空的老師，站在三樓走廊上眺望著遠方，而教室內傳來孩子嬉鬧的聲音，亂成一團。當時我們發現這位老師疑似情緒不穩，造成教學不力。後來，才發現原來她因為剛出生的孩子，經常在半夜哭鬧，造成她心理極大的壓力，出現了產後憂鬱的情況，以致影響到教學，所以我們協助她看心理醫師，並進行必要的輔導與協助。然而，一開始情況並沒好轉，所以接受醫生建議在家休養，等到她調養得宜，終於重回職場。令人感動的是，因為這位老師感謝學校對她的關懷，所以更投入教學，得到很多的獎項，甚至在全市研習分享教學成果。**在那次的舞臺上，看見她訴說她的教學理念，我彷彿看見一朵曾經枯萎的花朵，因為愛的灌溉，而重新綻放光彩。**

　　故事的行銷，重要的是在於故事發生的歷程當中，表達怎樣的態度與感動，並不單是「說故事」而已，因為故事要真實呈現本質，才能彰顯故事的真、善、美。

第十八章
訊號的傳達
——Signal transmission

根據美國加州大學洛杉磯分校，心理學教授艾伯特·梅拉比安（Albert Mehrabian）在 1971 年所做的研究顯示，有效的溝通技巧包含**肢體語言、聲調、說話內容三個要素，其中 55% 的訊息來自於肢體語言（儀態、姿勢、表情），38% 來自於聲調（語氣、聲調、速度），只有 7% 來自於實際說話的內容**。所以在面試的時候，保持優雅的儀態、自信的姿勢、豐富的表情，就會有極大的優勢，雖然練習說話的其他要項（微笑、順暢、結構……）也非常重要，但是若表情生硬、姿態上是緊張的，恐怕就會失去有效溝通的先機了。

訊號的傳達，大致上來自於第一印象的肢體語言，包含儀態、姿勢與表情這三要素。儀態的部分，包含謙虛的態度、得宜的應對進退、以及合宜的服裝。姿勢的部分，則有自信的走路樣態、端正坐姿，還有生動的手勢。表情的部分，除了前述所說的微笑外，眼神也是很重要的表情之一。

第一節　優雅的儀態

「從容不迫」的儀態，是自信的表徵，如果又能展現優雅，則表現會更令人激賞。在高張力的面試當中，難免會緊張，有許多種面對緊張的方法可以參考。在信心方面，要告訴自己，我可以的，我一定做得到。一個沒有信心的人，從表情就很容易看得出來。我們常常聽到有人這樣的對話：「我好緊張喔！」有人回應：「根本看不出來啊？」為何看不出來？那是因為在那種高壓的情境下，如能掌握住「優雅」，有時確實能掩飾緊張。

那如何創造「優雅」的樣態呢？從進場開始就要「想辦法」從容不迫。例如，在進考場前可以親切的問候委員，走路的速度要不疾不徐，一走到位置上，若需要移動椅子，切勿發出太大聲響等等。這些要點，其實我們都想得到，但是在考場上，要做得到位，又不是那麼一回事。所以，建議在練習的時候，要全程錄影，不斷的檢視修正與調整。

回答問題時，如果遇到自己有把握的問題，不要欣喜若狂，劈哩啪啦講個不停，避免陷入「自我感覺良好」的困境（這往往讓人有偏執、無法與人

溝通的不良誤解）。遇到不會的問題，運用策略，爭取時間再想一下，可以重複委員的問題反問一次，或是以情境或故事方式鋪陳，避免當場啞口無言的窘境。因此，**有把握的題目要「攻」，但不要「貪」（若貪，會講太多）；沒有把握的題目要「守」，請不要「棄」（若棄過多，則失分多）。**

至於服裝的部分，當然各種場合有一定的服儀規範。這裡倒是有一個經驗分享。在一次面試的過程中，我發現大部分的女應考生都穿 OL（office lady）上班樣式的衣服，突然，有一位考生好友在一片深色的衣服，穿著一身白的套裝出現，當我訝異她為何穿著如此獨特的時候？她突然跑過來說，怎麼樣，我這套衣服好看嗎？這的確產生了**紫牛效應**，也是高招。然而，要配合個性與特質，以免弄巧成拙。不過，最後她的策略奏效，果然以亮眼的分數通過甄試。

第二節　自信的姿態

曾經問過一位資深的委員，你是如何評估這位考生的口試表現？這位教授回答：「當考生從門口進來，一坐下來，就差不多決定了一半的分數了，接著問的問題，只是為了驗證我所看到的感覺是不是真實而已。」這樣的評價也許太過主觀，但細細思量，我們評價一位初次見面的人，是不是也是如此，也許有時會看錯眼，甚至被視覺與聽覺所蒙蔽，何況在面試只有短短幾分鐘。

我們對一個人的了解，往往需要一些時間，才能看得出此人的個性與特質，而考場如戰場，分秒必爭，在面試的「短兵相接」的時刻，並沒有太多時間讓委員觀察與驗證。那如何才能取得先機？就要透過不斷揣摩與練習，就像服務業的儀態一樣，是可以訓練出來的。

姿態如何有自信呢？首先，一進到門口，就記得打聲招呼，就如同跟好友聚會一般（當成是和一位好友聊聊自己的理念和想法）。「委員好！您辛苦了！」在第一次見面的互動是很重要的。接著坐下來之前，也要記得自我介紹。「我是○○，請多多指教！」等委員說請坐，再說聲謝謝！之後輕緩

的拉開椅子，從容的坐下，接著說話時，要運用適當的手勢，引導內容。手勢的表達，有兩個意義：

一、強化肢體語言豐富度

你是否曾經注意觀察電視上的那些主持人，以及特別來賓？在臺上每個都是動作豐富，表情生動，才能引起大家的關注，如果只是靜靜地用語言表達，觀眾看得無趣，很容易轉臺的。在面試的場合裡，善用肢體語言，就可以強化語言的豐富度。例如：提到親、師、生三方合作時，就可以用手比出黃金三角關係。又如：我們從外而內，引進資源，就雙手伸直，手心朝上，再來將手臂彎曲，往身體方向比畫。這些肢體語言的設計，都需配合談話的內容，作適度的呈現，會讓表達的內容更飽滿。

二、降緩說話的語速

曾經有人問：「我說話的速度太快，讓人感覺有壓迫感！怎麼辦？」如何將說話的語速降低呢？最好的方式就是用「手勢」帶動「語速」，一般人因為緊張，所以相對的，說話速度也快，但是如果加上手勢，就不致於連手勢都很快，也就是不可能手舞足蹈完成一場面試，所以當你說話時，配合豐富的手語，相對的也會降低說話的語速，增加表達時的穩重感。

第三節　堅定的眼神

微笑是最佳表情，是無可取代的迷人風采。然而，臉部的表情除了微笑以外，還有眼神的詮釋也很重要，因為眼神不容易說謊，而堅定的眼神，可以讓委員有信任感。眼神一旦有逃避的傾向，就會更顯得慌張而害怕，而顯得懦弱缺乏自信，看著委員說話是一種禮貌，也是一種溫度。有些人害怕與人四目相交，也許就可以試著盯著對方的眉宇之間，或是額頭的高度，就可以避免四眼相望的尷尬。說話時的喜、怒、哀、樂，要有適度的表情展現，並配合說話內容的快慢節奏，否則回答時過度的規矩，反而容易陷入「僵硬、生澀」的感覺。有些人遇到會的題目拚命講，恨不得讓對方知道

「我的清楚」，這樣反而忘了好好和委員「聊」理念這件事，更忘了要有眼神上的心領神會，也就失掉彼此建立好感的機會。

Date _____/_____/_____

伍

關鍵篇──
決定勝出的「眉角」是什麼？

第十九章
打動人心的致勝關鍵——一心、二面、三度

第一節 「一心」──以人為核心

　　「**教育是人教人、人感動人的志業**」，教育有了關懷，才能激起向上、向善的力量，關懷也是教育人的基本條件與態度，唯有能關懷他人的人，才能成為具有「當責」特質的教育人。同理的關懷，是要保有一顆感同身受、處處為人、尊重他人、廣納百川的胸懷。特別在教育現場，一定要有一顆柔軟的心，並學會包容與體諒，才能成就所謂的「教育愛、關懷能、支持網」，而究竟怎樣才能展現出同理的關懷？可從幾方面去思考。

一、憐憫心──要有悲天憫人的胸懷

　　教育不是零和的遊戲，也非只有是非兩極端的問題選項。面對問題時，是否能以客觀的角度去分析，從良善的角度去包容每個事件，必須要注意。

　　記得有一次練習面試的時候，問了考生一個時事題。

> 委員：你對於最近疑似工程弊案被起訴的人員，有何想法？
>
> 考生：我覺得這件事告訴我們，在辦理相關業務的時候，應該依法辦理才是，不管這件事最後的結果如何……。

　　我笑著說：「雖然教育人員的道德標準，要比一般人還要來得高，但切記，對於事件的發生，更要有同理心與關懷，這件事在尚未審判前，不應有帶有主觀的偏見，何況是才剛被起訴，一切都尚未定論。」這樣的建議，讓他頓時覺得不好意思，因為從這段的語言表達，可以看出當事人少一些關懷與憐憫之心，也許是經驗不足，或是當下沒想那麼多，才有如此直接的答覆，但很多事情的發生，應了解事情的整個原貌，並能多方了解，才不致有偏頗想法。

二、關懷心──要有見微知著的觀察力

　　在教育現場上，「**凡進教育之門一切為孩子**」，唯有對孩子關懷的老師及教育領導者，才能成為真正的「人師」。教育的大門是為學生而開，學校

的任何教育策略所為，均是為了建構孩子優質的學習環境而設，所以一個沒有將孩子放在心中的教育人員，是難有教育愛的。

在面試的應答中，任何的政策，舉凡校本課程的建立、閱讀教育、國際教育、衛生教育等等，所有辦理的教育活動；重點必須放在孩子在這些活動上的表現，以及學習後的改變，才是教育的本質。以下是現場實例的對話。

委員：說一說，你輔導過弱勢孩子的案例？

考生：我永遠記得一個畫面，一群三年級的孩子蹲在田埂上準備下田，老師一聲令下後，小安蹲在原地不動，我問怎麼了？他頓時面有難色，突然間，從他褲管裡滾出兩坨黑黑的「東西」（排泄物），我想，天啊！這孩子已經這麼大了，怎麼連自理能力都沒有？於是我們開始介入調查，發現原來小安是個單親家庭的小孩，常常睡過頭而不來學校上課，三餐飲食也極為不正常，有一餐沒一餐的，於是我們結合「幸福保『衛』站」計畫，讓他的三餐無虞，以及「大手牽小手」、「夜光天使」，協助他的課業輔導，並請「社工師」協助改善家庭的教育。這孩子在學校的照顧下，慢慢恢復正常，而且變得更有自信了。我想「**愛就是在孩子身上看見自己的責任**」，我相信這也是每一個教育人的共同使命。

在教育的現場上，多聽、多看、多觀察，才會發現教育的問題，才能體會教育的意義，才能帶好每一位需要幫助的孩子。

三、同理心——要有感同身受的同理心

學校常常有親師或是師師間的衝突，假使彼此都站在自己的立場去思考，對於所發生的事件，往往陷入為發掘真相的迷思，而不是站在問題的立場上去解決，最後反而造成衝突擴大，所以在解決上述的問題，應該多包容、多體諒，站在對方的立場上，讓對方感受大家是為了孩子而共同來努力。以下為實際案例的分享。

委員：有家長氣呼呼的跑來學校，說孩子受到同學言語上的霸凌，害怕
　　　來學校，假設您是導師，應如何處理？

考生：聽到發生這樣不幸事件，都會覺得於心不忍。首先，我會先傾聽
　　　家長的陳述，讓他的情緒有所宣洩，也了解一下事件的始末。其
　　　次，詢問一下目前孩子的狀況與需要解決的問題為何？先解決他
　　　心中最不滿的癥結點。最後，請他放心的把這件事交給我們，並
　　　留下聯絡電話，讓學校主動與家長聯繫，並報告進度。同時，我
　　　也分享自己孩子曾經遭受的類似情形，讓他感同身受，家長才慢
　　　慢釋出善意。

　　在描述處理問題的情境，運用自身類似的故事，更能夠讓對方感同身
受，特別於面對面試委員的提問時，如能有現場的經驗描述，更能引起共
鳴。

第二節　「二面」——現場畫面、故事畫面

　　小時候最愛吃的「兩麵」——「統一麵」和「王子麵」，一包約3塊錢，
是孩提時偶爾的小確幸，打開包裝，撒些佐料，將其敲碎，香脆脆，如今想
來，還是回味無窮，別有一番滋味。

　　這邊所說的「兩『面』」，不是上述所描寫的零食的「兩『麵』」，但
卻有異曲同工之妙。這裡所述的二面是「現場畫面」及「故事畫面」，透過
這二面傳導重要的信念，讓人咀嚼後，令人印象深刻、回味無窮，想起來時
別有一番風味，這也是「兩面」重要的功效。

　　而「現場」與「故事」畫面，是最容易讓人產生深刻印象，也比長篇大
論的敘述要有說服力許多，所以我會提醒考生，至少要準備你曾經歷練過的
三個故事，也就是你與學生之間的故事、你與同事之間的故事、你與家長之

間的故事，讓你在表達自己的想法或是理念時，可以更有說服力的發揮。

「二面」的描述方式，是結合你曾經工作、服務、經歷的現場故事，表達出自己與所要面試工作，或學校之間的關係與連結，特別是能表達出個人的興趣與熱忱以及專業。此外，也可以表達出你對這個工作的熟悉，以及面臨到問題如何處遇，都可以清楚的表達你的處事哲學。然而，陳述畫面時，有幾個要領要特別注意。

- 人

最好是第一人稱，因為第一人稱的描述，會讓故事顯得更有真實感及臨場感，不要描述時，讓人覺得與自己毫無相干，另外，人物上的安排越簡單越好，這樣才不會失焦。

- 事

事件要有差異化的特色，不是日常之瑣事。此外，這件事對你的啟發到底為何？對自己的影響是什麼？重要的是透過這事件帶來的反思，或是感想。

- 時

時間點要從哪裡切入？時間的安排有正敘、倒敘、插敘法，這有各的巧妙與不同的意義。

- 地

工作現場，或是工作現場與課堂的角落，通常是取材的好地方，而選擇的地方，要符合問題的核心思想。

- 物

在教學或是活動推展的過程中，如何運用描述物件的布置，重點呈現出對這件事清楚的程度。例如：推動班級閱讀計畫，班級的閱讀角、愛心書香、讀報專區等等，都是具體又很好發揮的題材。

身經百戰的考生，有時在模擬訓練的過程中，一時之間竟不知如何去取材，腦筋一片空白，建議可以從這可從幾個方面去思考。

- 環境營造畫面

如何建構一個優質的學習環境，如何讓學生去體驗學習，或是如何引起學生想探索的學習動機？在這個前提下，必有許多美麗的畫面。

- **教學現場畫面**

　　教室的風景永遠是最美麗而動人的，看到孩子的專注與改變，是你運用了怎樣的教學策略，才能營造這樣的風景，都可以娓娓道來，特別是孩子專注的眼神與互相討論的態度，這都是可以取材的對象。

- **學生互動的畫面**

　　學生的童顏與歡笑，悲傷與哀愁，都是學習中成長的軌跡。一日為師終身為父（母），特別是在教育職場上，孩子除了以父母為榜樣，最倚重的就是老師的諄諄教誨，所以一定有許多互動或是感動人的畫面，可供參考。

- **同儕努力的畫面**

　　同儕之間，有可能會為了共同完成一個夢想，挑燈夜戰，或是爭論不休，都是為了讓孩子有更好教育品質與教學環境。身為教師的我們，常常為了專業的堅持，創造些許成果就高興不已，這樣的專業討論與分享值得細細品味。

- **家長合作的畫面**

　　家長是教育的良好夥伴，透過緊密的互動，可以提升教學的成效，但是家長的社經背景與文化差異，在現場常常激起不同的「浪花」，這也提供了我們反思回饋最好的養分。

　　人生不是沒有故事可以說，不是畫面無法尋找，而是沒有深刻的體驗與生活，翻翻過去的「生活軌跡」，一定會有讓人回味及玩味的畫面，檢視自己的過去，方能成就更成功的未來。

第三節　「三度」——廣度、深度、溫度

一、敘述要有「廣度」：一件事情的多面向表述。

　　在魏晉時期的竹林七賢，嵇康所著的〈與山巨源絕交書〉一文當中，曾指出：「然使長才廣度，無所不淹，而能不營，乃可貴耳。」假使有才能的人，無所不知無所不曉，又不營私自立，那才是最可貴的。所以你有多元的才能，加上見多識廣，又能與人合作與分享，這樣正是各行各業需要的人

才。以下是讓答題的向度更加多元而豐富的原則與方法，僅供參考。

- **多元廣度的目的**

進行面試時，最易陷入滔滔不絕，長篇大論，除非所問的題目，已經侷限住一定範疇，否則在陳述問題時，應將表達的內容，面向加廣，以強化內容豐富度。因為，有時真不知委員要的是什麼？運用廣度，可以類似於釣魚時拋撒誘餌的策略，一方面有願者上鉤之效，另外一方面，陳述時的廣度，也可以充分表達出個人的視野。

- **多元廣度的方法**

然所謂的面向廣，就是在一個問題當中的論點要多元，不要只是單一的概念，例如，問：「你有何個人特質？」的時候，假使你只有陳述「熱忱」一項，就會顯得較為狹隘，因此，建議至少要有三項論點（過多也容易失焦）。

舉個實例，問：「你曾經參加過什麼研習？」建議你可以這樣說：「我參加過科學益智、教師專業、班級經營……。或又另一個問題：「你覺得如何有效經營一個班級？」，建議可以從「班級經營規劃、學生輔導、親師溝通……」來說明。一般考生常見的問題，往往面向不夠廣，作過多、過深的說明，就草草結束了，一個題目就這樣浪費掉了，實為可惜。

- **擴散式思考的訓練**

在準備面試的過程當中，如果要有擴散式的廣度，就要平常累積相關概念的詞彙與整理，也就是以一個項度或是領域作為核心，做高關聯度的思維。例如，在教師專業的部分，關聯性的詞語就是：「系統研習、專業互動、專業合作、終身學習；在教學方法的部分，相關的詞語就有：學習共同體、翻轉教學、角色扮演法、價值澄清法、欣賞教學法……。」每一個重要的向度要有系統及邏輯的整理，並融會貫通，才能揮灑自如。

- **提問要切中核心**

但是，如果問的題目是「最」、「比較」，有其指定的範疇，就不要自作聰明了（這是考生容易犯的錯誤），例如，「影響你最深的一個人」，有些考生，一次列舉了好幾個人，結果文不對題，就不容易得高分了。

廣度的運用，當然不是在回答問題時全部都得詳加敘述（時間有限，會

來不及），舉例的部分以 3-5 個向度為原則，再以你熟悉的 1-2 個向度進行敘述，但原則上還是得依現場的狀況進行調整。

二、表達要有「深度」：表達對事物理解、體悟的程度。

深度，指的是表達時的獨特見解，以及表達時所呈現的內涵，在面試短暫的時間內，要表達得有深度，並不容易。在試場外，在沒有壓力的情況下，都不一定能有效傳達，何況是在最短的時間內，做有深度的表達，更是一件不容易的事，特別是在沒有準備的情況下，容易流於冗長的陳述，卻又不容易找到重點，因此，在表達深度時，一定要闡述事件的價值、理念與想法，然而在表達過程當中有幾個原則要注意。

- **架構**

場景畫面或是事件要單純，牽涉到的人、事、物，不要太過複雜，另外，這件事的理念、想法，有何獨到之處？

- **概念**

故事要表達的上位概念是什麼（你想表達什麼）？如何與你要考的工作願景，合而為一，作為總結，讓委員明瞭你的思想與理念？

- **時間**

如果是單一問題或是議題，一個論點，也許陳述時間可以多一點。但是，如果論點較多，建議擇一論點進行深度的陳述，儘量不要超過半分鐘，但這得視情況而定，隨機運用。

「深度」的形成，要緊緊扣住所要表達時的意志，做深層的描述。「深度」與「廣度」最大的差異就是「廣度」是羅列陳述，「深度」為細細刻劃，在描述時要能有差異的獨特內容，才能引起共鳴。

三、呈現要有「溫度」：呈現的敘述要有讓人溫潤的感受。

溫度是表達及體現一個人內心的真誠感動。考生常常在表達時，讓人覺得溫度不足，是因為缺乏關懷的心與體諒的情。然而，關懷的心，這是與生俱來的能力與特質，人皆有之，只是在於表達時，有時過於含蓄謙卑，有時技巧不足，所以不易充分表達。當然，過與不及，都不宜，特別是在面試的現場。但如何表達有溫度的自己呢？有以下建議。

- **以人為根本**

在各種職場上的專業核心，應符合「人」的需求，從先前的考生經驗看來，很多的考生往往彰顯了自己的功績與成就，卻往往失掉「人味」，也就是**「埋頭苦幹，卻忘記抬頭看看」**，忽略了旅途中的風景。**對你好的人要感謝，因為他們是你的貴人，對你不好的人要感激，因為他們是你的逆爭菩薩。**「以人為本」顯示出人文關懷特質，因為謙虛的人更懂得「惜福」，更學會「感恩」。

- **以故事為鋪陳**

以故事融入自己的理念，若能有人際互動的過程，加以故事導入概念，順從故事中留下動人的旋律與人和的溫度，將更具有說服力。

- **以互動為架構**

在面試現場，最忌諱從頭到尾的敘述都是「我、我、我……」，最美的風景是互助、共好的關係，特別是教育的現場，強調的是愛、包容、尊重，也就是強調「汝 - 我」關係的價值，而其中重要的關鍵便是互動式故事的建構。

- **以關懷為職志**

關懷強調關係的重要性，這包含了人文的關懷、環境的關懷、弱勢的關懷……，這是由內心深處的行動，也是教育現場的可貴之處，能關懷他人，並以服務他人為職志，這是每一個教育現場都需要的、「有溫度」的人才。

在面試現場常遇到口若懸河的考生，有些人以為這樣的表達方式，應可順利過關，但**在職場不缺的是口沫橫飛的專家，缺少的是有溫度的實踐家**。曾經遇到辯才無礙的考生，在考試前信心滿滿，但往往缺乏溫度而鍛羽而歸，這是因為在面試的現場不是「政見」的發表，而是有「溫潤」的溝通。

Date _____/_____/_____

第二十章
無縫接軌的接話方式

這裡指的接題方式，是回答問題時，開口的第一句話。看起來簡單，但是往往在開口的第一句話，卻不知如何啟齒（通常是想太多），尤其要流暢的對答，這是一件不太容易的事。如果可以接得自然輕鬆，接得天衣無縫，肯定會讓對話順暢，對談的氣氛也容易引人入勝。

有些人，在平常聊天時是一個樣，進了面試的考場，又是另一個樣，甚至不知如何與委員對話，一開口便是「謝謝面試委員、謝謝面試委員……」，這樣回答也沒有什麼不對，只是，當一個人這樣重複回答的時候，通常不是心情緊繃下的反射動作，要不然就是不知所措，只能用這種制式的方式回答，反而讓委員覺得你放不開，讓人覺得你太過緊張。

如果回答問題時，一開始，就將勝負輸贏置之度外，接著談笑風生，最後在不知不覺中結束，並將自己的理念、想法，在泰然自若的對答當中，表現出來，就容易高分勝出。因為你與委員有良好互動，就能撥動委員的心弦，會加深委員對你的好印象。所以，無縫接軌的接話，是接著後續對話重要的利基，就如同踩動「飛輪」，一開始的啟動的瞬間是比較辛苦的，但是，一旦啟動了，後續的對話一定能順暢無阻。以下有幾種連接提問的方式，可供參考。

第一節　名言破題法

當你一進到考場，遇到有準備的題目，就會想急於表現。雖然你在回答時已胸有成竹，了然於心，但是如果貿然的接話，未必加分。準備一些「名言佳句」作為鋪陳，或是對於題目稍作停頓的思考，如何應對，就會有錦上添花的加分，切勿急於表現，如同背答案一般，就可惜了。這裡列舉的實例，是針對後續接話的內容進行分類，若能善加利用，就有畫龍點睛的效果。

一、以類別區分的名言

名言佳句，無論是拾人牙慧，或是自己平常收錄，可以按照自己所需，

進行分類。下列僅就部分類別，作簡要說明。

- 教師專業──**問渠哪得清如許，為有源頭活水來。**（宋儒朱熹）
- 教學創新──**不創新，就等待滅亡。**（彼得·杜拉克）。
- 課程設計──**課程是種在土地上的花朵，有沃土才能芬芳。**
- 教育大愛──**教育無他，唯愛與榜樣。**（福祿貝爾）
- 品德教育──**唯有品德可以開啟成功之門，收成功之果。**（馬頓）
- 科技教育──**現在決定未來。**（奈斯比）
- 終身學習──**我學習了一生，現在我還在學習，而將來我還要繼續學習下去。**（別林斯基）

　　名言佳句，往往「一語中的」之效，但是要用得精確、用得到位，千萬別勉強使用，這樣反而有畫蛇添足的反效果。在準備名言佳句時，要懂得分門別類、要精簡扼要，過於長的、或是語意不清的、過於拗口的，建議就捨去，因為一方面難理解，另一方面也不好記憶。

二、萬用名言佳句

　　另一種「萬用輸入」的方式，就是以核心句型為基模，用照樣照句方式，可以作為萬用的佳句，這也是一種融會貫通的好方式。

- **例一：以○○為核心，以○○為半徑，就可以成就○○○。**

　　1.以「人」為核心，以「閱讀」為半徑，就可以成就「文化大國」。

　　2.以「孩子」為核心，以「藝術」為半徑，就可以成就「文藝校園」。

　　3.以「孩子」為核心，以「科技」為半徑，就可以成就「數位學園」。

- **例二：○○是國家最深層的競爭力。**

　　1.「品德」是國家最深層的競爭力。

　　2.「閱讀」是國家最深層的競爭力。」

- **例三：「陽光之於世界，猶如○○之於教師。」**

　　1.陽光之於世界，猶如「專業」之於教師。

　　2.陽光之於世界，猶如「品德」之於學習。」

　　有些通用的名言，可以試試，最好能賦予新創意，先學會當別人的影子，再學會當自己（靈活運用），唯不能偏離所提問的主題太多，若硬要套

用，這樣容易造成騎虎難下，就尷尬了。

以上的方式，巧妙不同，但是要熟用，才能發揮，記住任何適用於自己的名言佳句，練習於任何可應用的題型，才能運用得巧妙而生動。

High light!

名言破題法的使用要點：

• 名言佳句平時就要練得滾瓜爛熟，融為一體，不要讓人有硬塞的感覺。

• 最好是言簡意賅，過長或是太拗口的，建議就捨掉吧，因為容易吃螺絲。

• 這些名言佳句所描繪的內容、表達的精神，最好自己感同身受。

第二節　肯定問題法

面試委員的提問五花八門，對於問題的解讀也各不相同，每個委員對自己所提的問題，深具專業的信心，也有定見。從人本心理學的觀點，需要滿足委員們，被尊重的需求（esteem needs），也就是被認同的成就感，所以言談間，肯定委員是一種應有的基本態度與禮貌。

• 經驗的肯定

有些委員經驗豐富，已經在這些領域扎根已久屬「經驗派」；有些委員屬研究型，提出的問題，偏重於理論屬「學院派」；有些則是天馬行空的問題，無從準備，屬「跳 tone」派，得靠臨場反應。但是可以確定的是：「**肯定問題，就是建立良好氛圍的開始。**」

如何肯定問題？例如。在接話時可回答：「委員提到這個問題，就知道您對○○現場很了解……。」有些委員，可能曾經參與教育改革的現場，親身體會，且觀察入微。這樣的回答方式，是刀切豆腐──兩面光，除了反應出你對委員的經驗上的尊重，另一方面，也顯現出你對現場的充分了解與問題掌握程度，才「敢」做出這樣的回應，但是如果你對問題不甚了解，委員

繼續追問，反而容易露出破綻。

• 專業的肯定

委員提問的題目如果是在教育現場，攸關於推動時的相關 detail（細節），表示提問的委員，本身也是「箇中高手」。例如：有一次委員問有關閱讀教育的問題，有一位考生原本回答得還算順暢，突然委員打斷他的說話，問：「你在推動閱讀教育這樣順暢，難道和同事之間沒有衝突嗎？孩子都喜歡這樣的活動嗎？你覺得成功嗎？」當委員提到較為細節、深入且專業的問題，可以試著回答：「委員所說的這個現象，相當專業，對於現場問題的理解相當深入，如果沒有親身經歷，真的無法了解推動實際的困難，……。」一方面肯定委員所提問；另一方面，也提醒委員，這個問題其實我也略知一二，所以我可以回答你。

• 同理的肯定

有一次，一位委員問到：「對於體罰事件頻傳，我看了十分不忍，您的看法為何？如何預防？」，考生回答：「感謝委員有著悲天憫人的胸懷，對於這些不幸事件的關心，讓我十分佩服……。」在教育現場，胸懷教育愛、展現關懷能、建構支持網，是教育人永遠的價值，如果彼此的信念能激起共同漣漪，一定會增加「認同感」。

• 智慧的肯定

如果委員想挑戰你的能力，可能會問一些不好回答的問題，讓你傷腦筋，這時也不用太過緊張，如果回答得好，反而會為自己創造更佳的競爭機會。曾經有考生被問到這樣的題目：「今天貴校兩個考生來面試，你們兩位都很優秀，那如果只能取一位，你覺得應該是誰考上比較好？」在這種提問情況下，往往問的是人格特質，並非要你擇一。但是人在高度的壓力下，第一個反應，往往是會選擇對自己有利的說法，這就容易陷入委員所設計的陷阱當中，所以，也許可以試著這樣開頭：「委員您這樣關心我們，這真是有智慧的問題，我想這是今天最難的一個問題了……。我覺得我準備好了，但是另一個同事也很優秀……。」當然，這沒有標準答案，唯多用正向語言，懷抱正向思維，才能展現教育的氣度與高度，教育的現場最終目標，正是以

「止於至善」為依歸。

　　肯定別人的思維，讚美提問的智慧，就能構築善意溝通的橋樑，這些並非侷限在面試的考場上。人與人相處之間，透過「肯定」能建立「認同」的價值，也容易建立彼此的「信任」與「理解」，在面試時，一方面可成為你與委員間關係建立的方式，另一方面是運用這樣的策略，多一些時間思考，才能避免淪為「背答案式」的問答，落入俗套的回答。

肯定問題法的使用重點：
- 所謂的肯定，展現的就是「正向」的光芒，只要心向太陽，就看不到黑暗。
- 在肯定問題時，要注意現場所有委員的反應（最好是雨露均霑），如果針對某一委員的「肯定」太過明顯，反而會弄巧成拙。
- 肯定的策略使用時，要出自於專業的思維與態度的謙懷。

第三節　釐清確認法

　　有時候，考生面對委員提問的問題，一緊張的情況下，連題目的核心都無法掌握，所以不知道如何回答，或是面對委員所提的問題太多（有時感覺是要考驗考生腦袋夠不夠清楚），甚至委員所提的問題語意含糊，不知所云，誇張一點的說法是，恐怕委員自己也不知道在問什麼？那怎麼辦？千萬不要在沒有確認的情況下，亂答一通，答非所問，這是考場上的大忌，這樣反而會讓委員以為你的邏輯有問題。以下是針對委員所提的問題，當你無法精確掌握時，可以運用的策略和方法。

一、提問法

　　考場上的氛圍瞬息萬變，稍微一個不留神，腦筋容易一片空白，為求精確，再度確認問題是較保險的方式，例如，可以請教委員：「您的這個問題

是不是……這個意思？」一方面可能是委員說不清楚，另一方面也許是自己在對問題的把握度不佳。在這樣的情況下，趁著確認問題的同時，能爭取思考的時間；否則，在沒有掌握問題的情況下，態度慌張，回答時無法切中要害，甚至言不及義，都會造成委員對你的印象不佳。

二、重複法

這個方式是遇到委員連續幾個問題，而你依稀記得，卻又不是很確定，這時可以試著回答：「您剛剛的這問題是不是，一、……，二、……。」這樣的問法建議回答的順序為：**時間較為靠近你的問題先回答，也就是後問先答**，再往前回推（如果沒有要求按照順序，或是題目沒有明顯的邏輯問題）。主要的理由是：**通常離你最近時間的題目容易記得，當你在回答第一個問題的同時，可以多些時間思考前面所提的問題**。如果先從前面的題目思考，因為先說的問題，時間一久，印象容易模糊，而且等到要回答後面的題目時，恐怕也忘得差不多了。但是，如果有邏輯順序的問題，還是要依照順序來回答，不要遺漏，因為有可能會被委員誤認為你在閃躲題目，而且沒有委員喜歡所提的問題被有意、無意的忽略。

三、反問法

有時委員提問的範圍太大，或是不容易聚焦，可以用禮貌性的反問，特別強調是禮貌性的反問，因為要很小心，避免造成咄咄逼人不佳的印象，換言之是「請教」委員，以釐清問題，並聚焦問題的癥結。例如被問到：「你喜歡什麼音樂？」就可回答：「請教委員，您問的是流行的音樂？還是古典的？」又問：「以流行音樂來說好了！」可繼續試著反問：「那是西洋的？還是華人音樂？」運用抽絲剝繭的方式，營造和諧對談的氣氛，但是「剝繭」也不能過度頻繁，這樣反而會令人嫌惡。

釐清確認法，固然可以「釐清」問題的癥結，更加確認問題的重點，但是建議在一場面試的過程當中，謹慎、小心使用，或甚至建議少用，因為會讓人覺得你這個人，搞不清楚狀況或是迴避問題的感覺，偶一為之尚可，最好還是面對問題，直接應戰。

釐清確認法的使用要點：
- 釐清確認法，使用頻率不可太頻繁，不然會讓人誤以為在逃避問題。
- 當釐清問題後，快速進入主題，因為一來一往已經浪費掉一些時間了。
- 千萬不要質疑委員的問題，因為「裁判是公平的」！
- 當被問的問題比較多時，要注意時間的分配掌握，快問快答。

第四節　導引情境法

　　對委員的提問，如果在當下有閃過似曾相似的畫面，就可以運用「看圖說話」的策略，這裡所謂的圖，是用口語表達所建構的，也就是將知識、想法、概念以「聽覺」作為工具，轉換成「有圖有真相」的「視覺」效果，接著只要按部就班的鋪陳，就會讓回答問題變得有說服力，因為，圖像的建構容易讓傾聽者留下深刻的畫面。

一、感人的情境

　　感人的情境要能夠呈現教育的愛與關懷，感人的情境最容易引人入勝，也較容易引起共鳴的效果，曾經有考生就分享以下的經驗。

委員：說一說，你教職生涯中印象最深的一件事？

考生：委員您的這個問題，讓我想起一個畫面，有一天，有一位拄著拐杖的老阿嬤手裡牽著一個孩子，背後還背著一個孫子，告訴我：「老師，這孩子很可憐，從小父母親就……」。

　　用故事引導的方式，較貼近現實，也容易引人入勝，並可從處理的過程當中，適度的「置入性」行銷，用以展現你的教育理念與想法，去表達個人對於教育的關懷與付出，與對教育的熱心和執著。

二、激勵的情境

　　激勵的情境能激發引導人心的勵志氛圍，其效果是為振奮人心，使其繼續努力為出發點。如果能陳述孩子的轉變、教師的應變、家長的改變等等，加上有「戲劇性」的進步或是正向的「質變」，效果更佳。這裡分享一位考生的經驗。

委員：在教育生涯中，你覺得最有成就感的一件事為何？

考生：記得有一個早晨，一位父親帶著一個信封袋，交給我說：「老師，這是我兒子，榮獲全市績優小志工的獎金，他說要捐給學校。」我一看，就問：「這是一筆不少的數目，為什麼要捐給學校？」他說：「這是要謝謝當年沒有放棄他的母校，一點點的回報。」這讓我想到當年的畫面：「一位調皮搗蛋的學生，前一天在廁所將滅火器的粉末噴得滿間都是，經過輔導後不到兩天，又拿石頭丟外面的車輛，經詢問，其原因竟只為好玩……。」我們知道他是位「充滿能量」的學生，所以讓他參加童軍，擔任隊長；除了有地方宣洩體力外，也賦予他責任感，慢慢的他的偏差行為就減少了。

　　在這個故事裡，可以發現教育人化不可能為可能，我們充分發揮了教育愛的精神。故事裡的那位男孩，可能在人生的過程中，一路跌跌撞撞，老師們利用輔導系統，不厭其煩的陪伴他學習成長，最終孩子竟感恩學校、回饋學校，所以，一粒種子種在適合的土壤就會開出美麗的花朵。

三、回溯的情境

　　回溯情境的布局，猶如文章寫作的倒敘方式，就是先描繪結局，再回溯整個事件的歷程。以下為實際案例的分享。

委員：教職生涯上，你覺得教育感人的地方在哪裡？

考生：我曾在偏鄉服務，曾經看到一位自閉的孩子，在我們的努力教導下，最後竟然能站上舞臺上，一字一字的分享他學習經驗，媽媽哭了，孩子也哭了，我也流下眼淚，這是我教育生涯中，最感人的一件事。……。

這是真實的故事，這也是教育的真價值。如何帶好這些學習落後的孩子，使其朝成功的方向邁進，才是教育最感人的畫面，從故事的結果，去申論自己努力而改變的過程，這才是教育旅途中，令人賞心悅目的花朵。

導引情境法的使用要點：
- 導引情境法要忠於畫面的真實，不要為畫面而畫面。
- 畫面要感動自己，才能感動他人。
- 陳述的方法與策略都只是手段，重要的是能呈現教育的真價值。

第五節 自我調侃法

透過言語的揶揄、嘲諷自己，並運用自己的幽默，來化解自己尷尬問題或是處境，不失為一種成功的表達策略，但在運用這種策略時，要顧及當時的氣氛；要自然、要誠懇，萬不可生硬或是突兀，甚至舌燦蓮花，那就易弄巧成拙。

運用自我調侃法，原則上要能積極樂觀的面對自己，特別是平日就要養成幽默的習慣，另外，過與不及的表達，一樣會陷入尷尬的氣氛之中，特別是太過誇大的言詞以及肢體語言，會讓人覺得離譜而浮誇，就可惜了。

任何人都有可能遇到沒有準備過的題目，或是超乎你能力可以回答的問題，這時為了化解緊張氣氛，自我調侃反而能化解尷尬，也就是在這麼高強

度的氣氛下，能夠從容不迫，反而凸顯自信的態度，就會有化險為夷的效果。以下舉例說明。

> 委員：你覺得以今天的表現，我應該給你打幾分？（在現場真有人被問過）」
>
> 考生：「委員問的這個問題太難了，依我的能力沒法回答你。但是，如果可以自己打分數，我會為自己的努力打 100 分……。」

　　運用「示弱」的回答，反向思考，是尊重委員的專業，在以上情境中，千萬不要急於為自己「打分數」。謙沖自牧、虛懷若谷，人自芬芳。示弱，未必柔弱，反有真實面對的堅強。雖然表示沒能力可以處理，但在表達的同時，反而有另一種謙虛的真性情，亦不失為一種有效的溝通策略。然而，對自己的回答，也不用客氣，要能勇敢表現。

　　要記得，考場上切勿論戰，多聽專家的意見也是一種學習，更何況，因為你的謙虛請益，也許委員覺得你是可造之材，會替你製造成功機會。

 High light

自我調侃的使用要點：
* 要存有虛懷若谷，謙虛學習的態度
* 要認清自己在專業領域確有不足的地方
* 若受到質疑不要辯論，示弱有時是另一種堅強。

Date _____/_____/_____

第二十一章
問題的來源與類型

題目來源（自我介紹、簡歷內容、最新政策、熱門時事）

　　面對不可知的面試，考生最茫然的問題，通常是不知道要問什麼題目？而陷入慌張的情境，特別是坊間的各種題庫，多如牛毛，也不知從何準備，其實面試題目五花八門，並不容易掌握，特別是因為有「人」的因素，更何況每個人的喜好不同，而有所偏差，但是對題目有幾個方向與原則，是可以預測的。

　　從筆者輔導的過程中，許多的個案，往往都是剩下不到一個星期的時間才開始準備面試，往往已經事到臨頭，才匆匆忙忙詢問如何準備。但是，臨時抱佛腳，也不能毫無章法，一定要穩住，通常我會請考生以「倒果為因」的思維，好好想一下，若你今天換成你是委員，你在面試當天，面對這麼多的考生，如何從自我介紹及簡歷表中，找到想要問的問題？如果好好思考、細細思量，一定能安定不安的心情。榜上有名的考生經驗分享，這樣的準備確實能掌握一些題目，然而，長期而言，還是要多閱讀、思考與準備，做好基本功，才是根本。以下就幾個可能被委員提問的幾個方向，進行說明。

一、自我介紹的陳述

　　這部分包含學歷、經歷、得獎、自我介紹、理念等等。學歷的部分因為常常放在第一頁，是最容易被提問的項目，特別你不是相關科系畢業的，最容易被挑戰。根據個人的經驗，相關科系畢業的當然會占優勢，若不是也不用氣餒，因為個人的經歷與實務經驗，可以彌補這方面的不足，但如果兩者都不足，那就要特別想辦法應對了。

　　曾經有食品營養系畢業的考生，要報考教師甄試，我問：「你如何闡述食品營養與教育之間的關係？」如果問到這樣的問題，如何回應？他愣了一下，我要他想想：「這兩者之間最重要的連結是什麼？如何串聯？」他還是像丈二金剛摸不著頭腦，我再提醒：「兩者之間的上位概念是什麼？最近較

熱門的議題是什麼？」他說：「食品營養最『夯』的議題是『有機』、『食安』」，那教育的議題目前最熱的議題是什麼？他回答：「十二年國教的自發、互動、共好」。我說：「對了，就以這兩概念串聯，要思考『教育的有機學習』和『食品營養的有機認證』都是促進健康學習與保障身體健康重要的因素」，而『教育的安全』與『食品的安全』，都是為維護人類『安全』的這項基本權利而建構的，因為沒有了安全，就沒有了一切。」你修的專業領域與想入門的行業之間，必須要進行一個連結，要去強化你的專業的統整力。這是哲學的思維，是邏輯概念，而之間的催化劑就是「熱忱」。

　　至於經歷的部分，也是委員容易提問的「熱區」，特別是你曾經辦過怎樣的業務？或是擔任過怎樣的工作？或是有特殊的體驗？只要在自我介紹中有提及的，都有可能成為被提問的內容。例如：曾經有一位在偏鄉服務的老師被問到的問題就是：「你覺得偏鄉與都會地區學校的孩子有何差異？」請考生作分析比較。另外還有一位考生曾經當過導遊，委員所提的問題就是：「你覺得當導遊適合來當老師嗎？請你說說看？」這位考生就以導遊和老師都是「導引」的工作，是為「服務」人群為己任，旅遊與教育都需要事前縝密的規畫與執行。因此，你的所言、所寫，都必須要負責，也要有所準備，才不會喪失原本具優勢的局勢。

二、簡歷表的內容

　　簡歷表的部分有幾個重點要特別注意，除了上述所提的「學歷」以外，個人的顯赫「績效」、動人「相片」等，你越是強調的部分（用紅色或其他色框加註的部分），更是會被提問的重點。曾經有考生，把他所執行的重要計畫，寫成個人重要的績效，所以考試當天，想當然耳，被追問這個計畫。這原本應該是加分的項目，他也已經有所準備，但是因為他擔任的是行政人員，非現場計畫的執行者，細節的部分，就無法表達得很清楚，所以那次面試原本要加分的題目，反而就變成被追問及攻擊的來源。因此，簡歷的部分，一定要有所準備，要實際參與，要深刻觀察，才能讓人覺得，你是真正參與過的，是「玩真的！」以下是現場考生常被問的問題，僅供參考。

- 關於學歷的問題

  1. 有關於研究的主題、研究的論文，對於你所要甄選的工作，有何影響？（有時是要考驗你對自己的研究清不清楚？是不是請人代筆的？）
  2. 你不是相關的科系，你為什麼要來報考這個領域的工作？（問的是你的專業轉化及個人理想與態度）
  3. 你就讀的系所跟你要應徵的工作，有什麼關係？（挑戰你的專業度）
  4. 為什麼你去「這個」地方，念這「這個」學校？相關科系的學校不是很多嗎？（可能在質疑你的學歷出身）

- 關於經歷的問題

  1. 為什麼這個工作，讓你留在這個單位這麼久？（問的是你對工作的投入）
  2. 你怎麼最近幾年一直換工作，是不是有什麼特殊的原因？（問的是你的人際關係與工作能力？）
  3. 你為什麼年紀這麼大了，才來歷練這個工作？你哪時候要退休？（問你對這個工作的堅持！）
  4. 擔任○○工作很重要，但是你剛好沒有這樣的經歷，未來你如何面對問題與解決？（要記得強化不同領域的斜槓人生）

- 關於績效的問題

  1. 你得了這麼多的獎項，真不容易，都是你一個人完成的嗎？（千萬要記得感激別人的協助與幫忙）
  2. 你帶隊參加了○○比賽，說一說你在這比賽中扮演的角色與工作？（這一問就知道你參與到什麼程度了）
  3. 獲得了○○個人獎項殊榮，你覺得一路走來，你遇到的最大困難是什麼？如何解決？（問的是你努力的軌跡）

4. ○○的獎項獲得很不容易，你覺得關鍵的原因是什麼？（通常問這樣的問題，就是加分題了）

- **關於相片的問題**

1. 你這張相片看起來好年輕喔！（不要懷疑，這也是問題，要把握機會，謝謝這張相片中看不到的人，千萬不要只是回應謝謝，就結束了）
2. 這張相片是在什麼機緣下和○○部長合照？（也是送分題，但要導回到你的工作內容及理念）
3. 你在什麼機緣下，到○○國進行參訪活動，說一下此次的目的以及心得？（記得你的本份工作是什麼？任何回答，莫忘初衷）

三、各領域相關新政策

　　在每一次的面試，時事與政策，總會是提問的風向球，也是重要指標，這些政策或議題的推動，主要以解決當下發生的問題，或是創新的策略與方法，以作為政策推動的依據。

　　以教育政策為例，目前就是以十二年國教 108 課綱為首要政策，特別是關於願景、目標、範疇、素養，以及校訂課程、實驗課程方案、公開授課、多元評量等議題。在報考時應該充分了解，謹慎思考分析。

　　例如，某一個縣市以原住民族多元文化，做為教育局推動的重要政策之一，就要去熟悉與了解，甚至連在地文化的起源、內容、影響，都有可能成為考題，特別是該縣市獨有的特色。這幾年教育政策所推動的國際教育、資訊教育、環境教育、海洋教育等等，也應多加涉獵，廣泛了解。

　　以下提供這幾個收集方向，以供參考。

- **最新政策**

　　例如，最近媒體常曝光的執行政策。

- **重要的會議公告**

　　這些都是與現況最為接近的政策執行，有其參考的價值。

163

- **重點推動的重點計畫**（特別是已經投注許多經費的）

  例如，資訊教育、國際教育城、閱讀計畫等等。

- **研習比率頻繁的相關計畫**

  頻繁的調訓教師或行政人員參與政策研習，應有政策執行上的必要性，當然重要。

- **獨有的在地特色、教育績效或是政策**

  例如，有些縣市以海洋文化為重要政策、有些結合在地物產、文化，或是以食農教育為重點，這都要關照到。

四、熱門社會時事

相關的議題，當然不能與社會脫節，所以熱門的時事新聞，及相關的議題都要蒐集。各大媒體新聞正、負面新聞都有報導，正面新聞作為問題時，問的是整個教育的趨勢與脈絡，但是如果問的是負面相關問題時，就是要多聽聽個人的見解，所以，通常遇到不幸的案例，請記得多點同理心、包容心。提出看法時，也要提出解決策略。以教育的議題來說，以下是最常見的幾大類型的時事新聞。

- **困境抉擇**

  一般常見的問題，多以當前的教育遇到的困難，或是推動多年依然不見其成效的政策。例如，目前偏鄉地區進行的混齡教學、學生學習能力的不足、少子女化教育的問題等等，這些都是常被提到的政策。例如：

  1. 根據○○雜誌統計，目前臺灣孩子的數學、閱讀能力逐年下降，您如何面對與解決？
  2. 你覺得學習能力與學習情緒哪一個重要？如果只能選一個，你會如何取捨，為什麼？

- **衝突省思**

  教育現場因為親師之間的互信不足，輔導與管教方式不一致，溝通不良，甚至教師一時的情緒失控，容易造成不當管教的遺憾。例如：

1. 某教師因為學生不寫功課，利用中午時間，讓學生在走廊補寫，結果學生身心壓力過大而畏懼上學，請問你對這件事情的看法如何？
2. 有老師因班級經營有問題，班級常規大亂，造成家長對老師的不信任，您如何看待這件事？

- **突發處理**

　　校園意外事件，如午餐中毒事件、意外墜樓、運動時突然休克緊急送醫、校外教學遊覽車意外事件等，這些是教育人員的棘手問題。當這些事件發生時，如何能以同理與關懷之心來解決，如何運用有效步驟降低風險，也是說明時的重要關鍵。例如：

1. 根據媒體報導，有某校發生學生跑步、昏迷意外，您的看法為何？
2. 有學校進行校外教學，結果發生嚴重車禍，有人質疑不該辦理，以免發生危險，但也有人覺得不應該因噎廢食，請你提出正反意見。

- **暴力防制**

　　家庭暴力事件，要注意就是相關的校園安全，及時進行家庭暴力防制中心通報，以及啟動學校的社工師與心理人員的輔導，加強後續的追蹤與關懷輔導、啟動輔導的機制，讓學生慢慢回歸正常，讓憾事不再發生，正是這類事件重要的處理原則。例如：

1. 有孩子因不明原因，離家出走後，在大賣場被發現，發現身上多處是傷，您的看法如何？如果您是學校教師，如何應對與解決？
2. 報紙刊登學童疑似遭受家長虐待，你覺得虐童事件的因素是甚麼？如何預防與追蹤輔導？

第二節　題目類型（願景型、出難題型、衝突型、步驟型、狀況型、時勢型、比較型、沒有標準答案型、自我分析型）

　　面試題目的類型，來源不好掌握，但是仔細思考，慢慢斟酌，其實是有脈絡可循，如果能按照基本的分類，勤於練習，做好蹲馬步的練習，到時就容易信手拈來，觸類旁通。面試有時考的是你對於職場的掌握度與了解，有些考的是你臨場的反應，有些是要測試你的人格特質，在面試前，應多加練習，到時就能水到渠成了。以下所列舉的題型僅供參考：

一、願景型

　　這種題目是要觀察考生，對於職場的願景是否遠大？這樣才有行動的方向與目標，才能激發出對這份工作的熱情。

例：

1. 你心目中的教育圖像為何？你如何去實踐？
2. 你有怎樣的夢想，可以在這個領域去實踐？

二、出難題型

　　每個人都有擅長及非擅長的領域，若非擅長的領域，如何面對與處理，考驗的是你對事情處理的成熟度與應變的能力，或是要你在抉擇中，看出你的判斷與衡量。

例：

1. 你看起來沒甚麼經驗，你如何讓我們放心把這份工作給你？
2. 你年紀這麼大了，為什麼還來應徵這個職位？

三、衝突型

　　衝突型的題目通常會設計 AB 兩個對立的觀點，要你評斷，選擇 A，口委會追問為何不選 B；選擇 B，口委又會質問為什麼不選 A，讓你陷入兩難。比較保險的回答是朝彼此為「基礎」或是互為「因果關連」的方向回答，避免陷入問題的泥淖。

例：

1. 你認為「職位」重要，還是「定位」重要？
2.「工作」與「興趣」常常不能兩全其美，說說你的看法。

四、步驟型

　　校園常見的緊急事件有不當管教、不適任校師、性侵處理流程、緊急事件處理流程、霸凌事件、家庭暴力事件等等。遇到緊急事件時，要掌握三快原則：「發現快、反應快、處理快」，並配合標準流程 SOP。當事件的發生，衝擊雖無可避免，掌握住關鍵才是減緩傷害的重點。

例：

1. 有學生到學校後神情有異，身上有多處傷痕，請問您如何處理？
2. 如果發生食物中毒的意外，請問您如何處理？

五、狀況型

　　狀況題考驗的是平常累積的經驗，是否足夠？還有面對事情處理的經驗、態度、方法是否夠成熟？是不是能讓事情所面臨的危機與威脅降至最小？

例：

1. 班上有位學生常常在班上大吵大鬧，影響到班上的教學，你如何處理？
2. 長官希望你加班協助其他人的業務，而這個工作又與你無直接相關，你如何面對？

六、時事型

　　教育的時事與趨勢是常見的考題，所以平常應關照與了解，並掌握其脈絡，對於時事議題關心的人，通常也是與時俱進的先行者。

例：

1. 十二年國教新課綱實施後，一位稱職的教育工作者，應該有怎樣的認知與準備？
2. 目前城鄉教育差距越來越大，所造成的原因是甚麼？你有何建議？

七、比較題

　　這種題目通常會陷入「批評」的泥淖當中，因為勢必要說出優缺點，但是記得在面試的考場上，一定多用「正向」的語言，少用「負向」的語言，因為沒有人會喜歡聽別人的「抱怨」，面對事情處理態度是如此，對於個人理念的表達亦應如此。

例：

1. 你歷經這幾個學校（工作），你說說這些學校在經營上的優缺點？
2. 你在哪麼短的時間內，換了這麼多的工作，說一下你換工作的考量是什麼？

八、沒有標準答案型

　　這種題目沒有一定答案，回答時要有邏輯，分門別類，或是依層次回答。

例：

1. 你說說這個考場（教室）的環境有什麼需要改進的地方？
2. 你的第一份薪水要如何使用？請說出你的理由？

九、自我分析

自我分析的題目，通常是要試探個人適不適合擔任這個工作，所以在上考場之前，要先想想你的個人的優勢（Strength）、劣勢（Weakness）、機會（Opportunity）、威脅（Threat），也就是以 SWOT 來分析。以下是有可能會遇到的問題。

• **優勢（Strength）**

1. 你有那些個人特質，適合擔任這個工作？
2. 你有那些歷練和資源，比別人更佔有優勢？
3. 你覺得最引以為傲的一件事是什麼？對於現場的工作是否有幫助？
4. 你會為自己這次表現打幾分？為什麼？

在這些問題的回答上，可以根據自己客觀的事實，去驗證自己陳述的論點，會更加有說服力。

• **劣勢（Weakness）**

1. 你覺得你進到這個職場後，有什麼需要再學習的地方？
2. 你覺得工作上遇到最遺憾的一件事是什麼？如果可以重來，如何避免？
3. 你認為自己最大的缺點是什麼？你如何改進？

面試委員問這些題目時，往往是要看你的「自省」的能力。人非聖賢，這世上沒有一個人是「完人」，所以也不用擔心回答不完整時，會對於面試結果造成傷害。惟建議在回答問題時，要為自己的缺點或是劣勢，提出正向的解決方式，或是說明未來如何去解決，為自己加分。

• **機會（Opportunity）**

1. 你是不是比別人更有能力為學校或組織創造更多的機會？為什麼？

2. 說一說這個工作環境可以給你的發展機會是什麼？如何發揮你的專長？

3. 你的差異化競爭力是什麼？如何協助組織發展，創造更大的價值？

4. 請你說明目前的學校或組織在地化的優勢？如何運用？

　　機會是透過外在條件的檢視，關注自己的長處，是否能有機會創造自己與學校或組織的成長。

• **威脅（Threat）**

1. 你在工作上曾經遇到的困難是什麼？你如何尋求解決？

2. 這一組的考生中，有你的同事（學），你覺得誰比較適合（這個工作）？

3. 你覺得這個工作最大的挑戰是什麼？如何面對與解決？

4. 你覺得你進入這個環境最大的挑戰是什麼？

　　威脅的面向，指的是遇到外在的問題與困境的威脅，尋求突破困境，化阻力為助力，並檢視哪些事是急需解決的，並將危機化為轉機。

十、其他類型題目

　　除了上述類型的題目，有些面試委員，會依各自扮演的角色（有時委員會彼此協調，進行分工，個別扮演「黑臉」或是「白臉」），進行提問。所以遇到咄咄逼人的問法，也不用太過驚慌、太過挫折，這是委員們職責所在；反之，當委員和顏悅色的與你對談，也不用太過高興，因為有可能暗藏許多的陷阱，等著你出錯。

　　如果委員以聊天的方式和你對話，那可要注意，最怕你卸下心防，毫無防備，漫無目的亂聊一通，最後怕淪為「只是聊天而已」，並失掉面試應有的應對，建議還是必須戒慎恐懼，按部就班的回答，沒有內容、架構的陳述，是不會為自己加分的。以下各類型的題目，出現的頻率頗高，應注意應對的方式。

- **攻擊性與防守性題目**

　　站在回答者的角度，若以題目回答的方式來說，又可粗分為攻擊性的題目與防守性的題目。

　　所謂**攻擊性題目**，就是這題目是你已經準備好的，或曾經操作過的題目，通常就是可以盡情發揮的題目，不過這種題目會往往會讓考生有「貪」的念頭，急於表達，但是如果沒有整理、沒有邏輯，未必能有加分的效果，這樣就可惜了。其實，這種題目更應小心謹慎。對於攻擊性的題目解題，首先，先別急著回答，避免「食緊挃破碗」，不要讓委員誤以為早已背好答案了。其次，要控制好時間，邊說邊看委員的反應，如果委員表達得不是很友善，甚至不耐煩，就應趕快結束，反之，委員如有追問，那你的機會就來了。最後，面向還是要廣（要顧及各個面向），講話要有順序、要有層次（依自己平常鋪設的架構陳述）。

　　所謂**防守型題目**，指的是沒有準備過或是沒有把握的題目，甚至擺明就是要刁難你的題目（有時要考驗的是你的情緒管理），以及回答時，腦筋一片空白，不知如何是好的題目。

　　這時可以回答：「委員不好意思，這一題我不是很清楚（或是，我沒有這樣的經驗），但我會回去後好好研究一下……。」這樣通常還是會扣一點分數，但是儘量避免，用多了，會讓人覺得你沒準備好，但是盡可能越精減越好，趕快結束這個話題，避免自曝其短。

- **聊天式題目的對應策略**

　　如果遇到態度親切、佛心來著的委員，一方面高興，一方面得好好把握，千萬不要偏離了主題，常常有人出了考場後，自我感覺良好，覺得自己表現及對應都十分順暢，應該沒有什麼問題。但當成績一公布，成績卻不甚理想，與期望的結果落差甚大，明明當時聊得很開心，卻不知為什麼差這麼多，最可能因素就是你失掉了「戒心」，當場就聊開了，忘了你正在「戰場」當中，明明要面對「短兵相接」的肉搏戰，反而開心聊起天了，有著「拔劍四顧心茫茫」，卻忘了目標在哪裡，甚至卸下了心防，最後只是「聊天」而已。

　　那什麼才是精彩的聊天呢？記得有一次考生跟我分享了他進考場的經

驗，以下是他與面試委員的精彩對話。

委員：如果有廠商送禮給你，你收不收？

考生：我可能收，也可能不收。

委員：什麼是可能收？什麼是可能不收？

考生：根據《公務人員廉政倫理規範》，新臺幣價值 500 元以下的禮
物就收。像前一陣子有廠商送了一盒餅，我就到辦公室請同仁享
用，並說這是○○廠商的謝意。但是超過新臺幣 500 元以上價值
的禮物就不收。

委員：那廠商送禮到你家收不收？

考生：我不收！

委員（微笑）：剛剛你說收，為什麼現在又不收，這是為什麼？

考生：因為根據《公務人員廉政倫理規範》裡也有規定，非經公開、正
常程序與廠商的接觸都不被允許的。

委員：像冬天這種天氣這麼冷，如果廠商在你們家樓下等這麼久，你不
請人家進去坐坐，未免太不通人情了？（真的聊起天來了）

考生：還是不會讓他進來，因為我早已交代不要讓陌生人上樓……。

　　以上，感覺像在聊天的話題，卻又充滿了回答的攻防，如能引經據典，
或是引用法律條文，適時的表達我們對專業的認知，一定可以為自己加分。

第二十二章
幾種可能獲得高分的徵兆

面試以主觀條件來說，會受個人特質、外在條件的影響；客觀的條件則是攸關當場的應對進退、回答的內容、相關的資料等。然而，如何自己知道表現優異與否？是否有機會上榜？其實看現場的氣氛與狀況，便略知一二。但是，當場所表達的氛圍，也未必就代表最後的結果，有時你當場淚灑會場，自以為被刁難了，自覺沒希望了，最後卻是榜上有名；也有人認為自己表達得頭頭是道，但最後的成績卻是與預期結果有頗大的落差。

以下是幾種可能高分的表徵，僅供參考，最重要的，這些氣氛的形成，還是要考生自己努力去營造。

• 感覺面試像聊天般自然

考生常常在完成面試後，通常會有種如釋重負的感覺，覺得沒有想像中困難，或像練習面試時的緊張，甚至有「聊天」的感覺，所問的題目包羅萬象，日常不過了，其中包含最近的新聞時事、準備得如何緊不緊張等等，都可能成為題目。但是千萬不要被和諧氣氛下的糖衣所蒙蔽了，即使所問的題目簡單、日常，但是回答時還是得小心謹慎，想辦法將個人特質或是理念、價值、想法，循序漸進的包裹在輕鬆的對話當中，最怕是聊過頭，光說些無關緊要的內容，那就太可惜了。如果整個面試的氛圍，像是聊天般的自然，離成功的目標就越來越近了，除非你的聊天，沒有任何的重點及想法，言不及義，那就枉費你用心的耕耘了。

• 面試委員拚命打斷考生的發言

當面臨委員窮追猛打與追根究柢時，可能會有兩種情況：第一，是委員對你的表述，不甚滿意，所以質疑你的論點，此時不要過度慌張，這種情形大多傳達著他想多了解一點，千萬不要以為委員在找你麻煩，而讓自己的情緒失控，甚至因此論戰，此時的辯駁，並不會為自己加分。第二，是委員不斷打斷你的發言，有可能是因為你表達得太順暢了，所以要問看看你到底有沒有「料」，想要一窺究竟，所以也不用太慌張，也許他對你充滿了想像與好奇。

• 面試委員不斷提點甚至幫你鋪陳內容

在面臨面試的高張力氣氛，題目不易掌握，有時提問的題目來自於自傳，有些是簡介的豐功偉業，明明就是自己熟悉的專業，往往情急之下，竟然一時之間語塞，不知如何表達，或是所提問題不是自己上手的，可能你兩三句話就草草結束了，而內心卻悔恨不已；這時候可能遇到「佛心來著」的委員，也許他認為你是可造之材，或是你的真誠感動了委員，委員有可能不斷的明示或暗示，多提供、引導你一些線索，讓你「牽住這條線」，甚至就告訴你應該如何做？如果有這樣的好氛圍，就是委員們在替你找臺階下。從另一角度來說，就是對你有好感，不過這樣的機會可遇而不可求，可要好好掌握。

• 現場笑聲不斷

現場笑聲不斷所代表的意思，是你早已將成敗置身於事外，還有就是彼此「看上眼」。另外，面試委員在笑聲當中，也一定對你的表現滿意，而留下深刻的印象，但要注意你的發言內容是否超出應答的範圍，而且要在愉快的氣氛中，表達了你的想法，也就可以將自己行銷出去在「潛移默化」中，而不是在嬉笑中完成了面試的程序。如何在愉快的氣氛中，表達內容，有效溝通，傳遞你的信念，這才是最高原則。

以上各篇章所提關於面試的淺見，僅供參考，**在言語表達上每個人都有自己的思想與風格、價值，找到屬於自己能接受的方法，勇敢表達自己，再善加運用這些面試的策略，想必會為自己創造奇蹟**。千萬不要有不切實際，且過於浮誇的陳述，因為你所面對的委員或是專家，是歷經身經百戰。考生是不是真實的傳達自己的意志，其實是可以觀察出來，有一分證據說一分話，才能為自己在成功的路上築夢踏實。

Date _____/_____/_____

Date _____/_____/_____

Date _____/_____/_____

Date _____ / _____ / _____

國家圖書館出版品預行編目資料

決勝焦點8：打造INTERVIEW的競爭力／陳志哲
著.--初版.--臺北市：書泉，2020.7
　面：　公分
　ISBN 978-986-451-190-7（平裝）

1.就業　2.面試　3.職場成功法

542.77　　　　　　　　　109004603

4930

決勝焦點8S
打造INTERVIEW的競爭力

作　　　者— 陳志哲

發 行 人— 楊榮川

主　　　編— 李貴年

責任編輯— 何富珊

封面設計— 姚孝慈

校　　　對— 王意惠、利一奇、黃本正、馬晶薇、陳宜君
　　　　　　楊淳聿、謝明芳

出 版 者— 書泉出版社

地　　　址：106台北市大安區和平東路二段339號4樓

電　　　話：(02)2705-5066　　傳　　真：(02)2706-6100

網　　　址：http://www.wunan.com.tw

電子郵件：shuchuan@shuchuan.com.tw

劃撥帳號：01303853

戶　　　名：書泉出版社

總 經 銷：貿騰發賣股份有限公司

電　　　話：(02)8227-5988　　傳　　真：(02)8227-5989

地　　　址：23586新北市中和區中正路880號14樓

網　　　址：www.namode.com

法律顧問　林勝安律師事務所　林勝安律師

出版日期　2020年7月初版一刷

定　　　價　新臺幣320元